魔法の 夢を引き寄せる 家事ノートのつくりかた

みしぇる

How to Make
A Household Notebook

by Michelle

はじめに

1
「ノートを書き始めて16年」

日々の家事や、暮らしまわりのことなどを
ノートに書きつづけて16年がたちました。
ノートは合計60冊を越えていると思います。
今でもノートは持ち歩いて、1日に何度か開きます。
ノートは私の暮らしの大切な一部です。

2
「ノートに書き綴っているのはこんなこと」

毎日の家事のこと。晩ご飯の献立。

少しでもラクに掃除をこなせたときは、そのコツをすぐにメモ。

「こんなことを試したら、片づけがグンとラクになった」

「今日はモノがすっきり手放せた！」という断捨離記録なども。

「こんな風に毎日を過ごしたい……」という夢や目標なども書いています。

3
「書くことで自分が変わる。暮らしも変わる」

あるとき、あんなに億劫だった家事を
スムーズにこなせていることに気がつきました。
家事がラクになったおかげで、自分の時間が増え、
時間にも心にも余裕が生まれました。
書くことは、毎日の暮らしに好循環をもたらしてくれました。

4
「暮らしが『魔法』のように輝き出す」

書くことで暮らしが整い、毎日をもっと心地よく、
より自分らしく過ごせるようになります。
本書では、私の暮らしのノートの作り方を
ご紹介していきたいと思います。

書くことで、
毎日の普通の暮らしに
「楽しいこと」を発見できる

Staff
ブックデザイン／掛川竜
写真／尾木司
印刷所／シナノ書籍印刷株式会社

本書をお読みになる前に
本書に掲載されている情報は、２０１７年12月現在のものです。
商品の価格や仕様などは、変更になる場合があります。
クレジット表記のある商品については、すべて税込です。
クレジットのない私物に関しては、現在は入手できないものもあります。
右記につきまして、あらかじめご了承ください。

暮らしがラクになる「家事ノート」とは？

私は家事が苦手でした。もともと、「家庭科の成績が2」だったという劣等感もあって、特に新婚のころは子育てに、家事に、仕事に……。朝から、子どもたちが遊んだおもちゃを片づけ、買い物へ行き、時間に追われるようにご飯を作って、仕事のメールを返していたら、いつの間にか夜になっている。そんな毎日が続きました。なぜか、すべてのことに追いつかず、自分の時間も取れない。まさに、目が回るような忙しさでした。

　そんな私でも、毎日の家事がスムーズに、そして楽しくこなせるようになったのは、やはり「書いた」おかげです。ノートに書くことで、自分がやるべきこと、やりたいことに焦点を当てることができました。そして、同時に書くことで「こうだったらいいなあ」と思い描いてきたことが、どんどん実

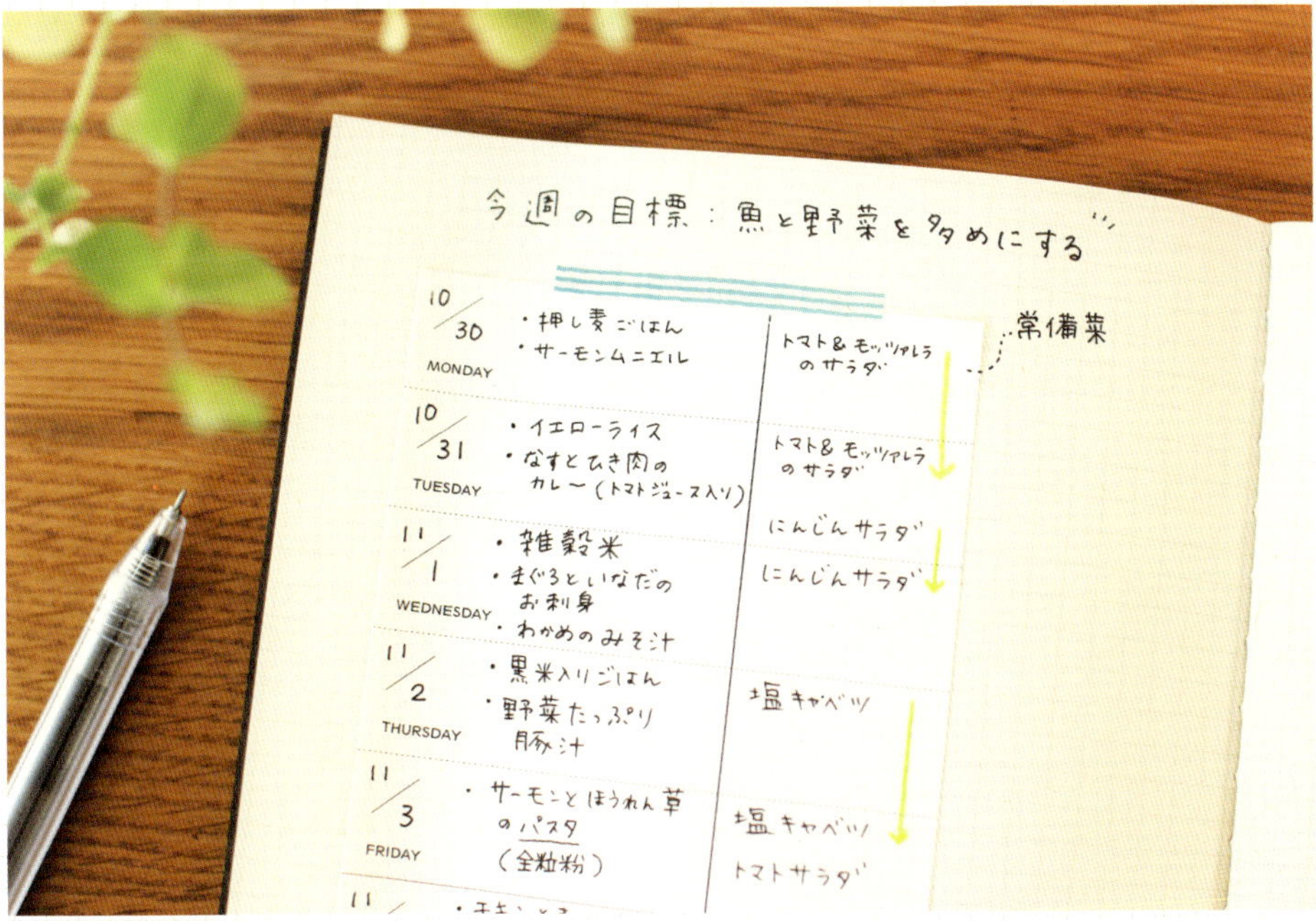

現していったのです。

家事や子ども達のこと、そしてモノの手放しかた。物事は、ノートに書き出すだけで、何が必要で、不要かが、はっきりと分かるようになっていきました。自分の頭のなかだけで複雑になっていたモノやコトを整理でき、暮らしはどんどん軽やかになります。

我が家の家事ノートでは、献立づくりや掃除、片づけ、モノの手放しかた、1日の時間のやりくり方法など、毎日の物事をうまくまわすための、書きかたの工夫をご紹介しています。

書きかたは十人十色。これが正解というのはありません。自分にとって心地よい書き方を模索しながら、楽しんでいただけたらと思います。

「書く」だけで、暮らしは整う。そう実感しています。

忙しい人や、「ズボラさん」にこそ、ノートがオススメな理由。

忙しくて、ノートや手帳を書くのは面倒だと思う人も多いのではないでしょうか。でも、そんな大雑把で面倒くさがりの人にこそ、ノートや手帳は心強い見方になってくれるって、知っていましたか？

じつは、ノートや手帳も、暮らしのなかで要らないモノを手放すためのツールのひとつ。毎日、仕事や家事、子育てなど、やるべきことは山盛りです。そのすべてを頭のなかで処理しようとすると、うまくまわらないのは当然。そこで、手帳やノートに重要なことだけ書いておき、書いてしまったことはスパッと忘れる。そして、目の前のことに集中する、焦点を当てることこそが、一番の特効薬なんだ、と気がつきました。

もともと私は忘れっぽく、面倒くさがりな性格です。「あれ、今日はお弁

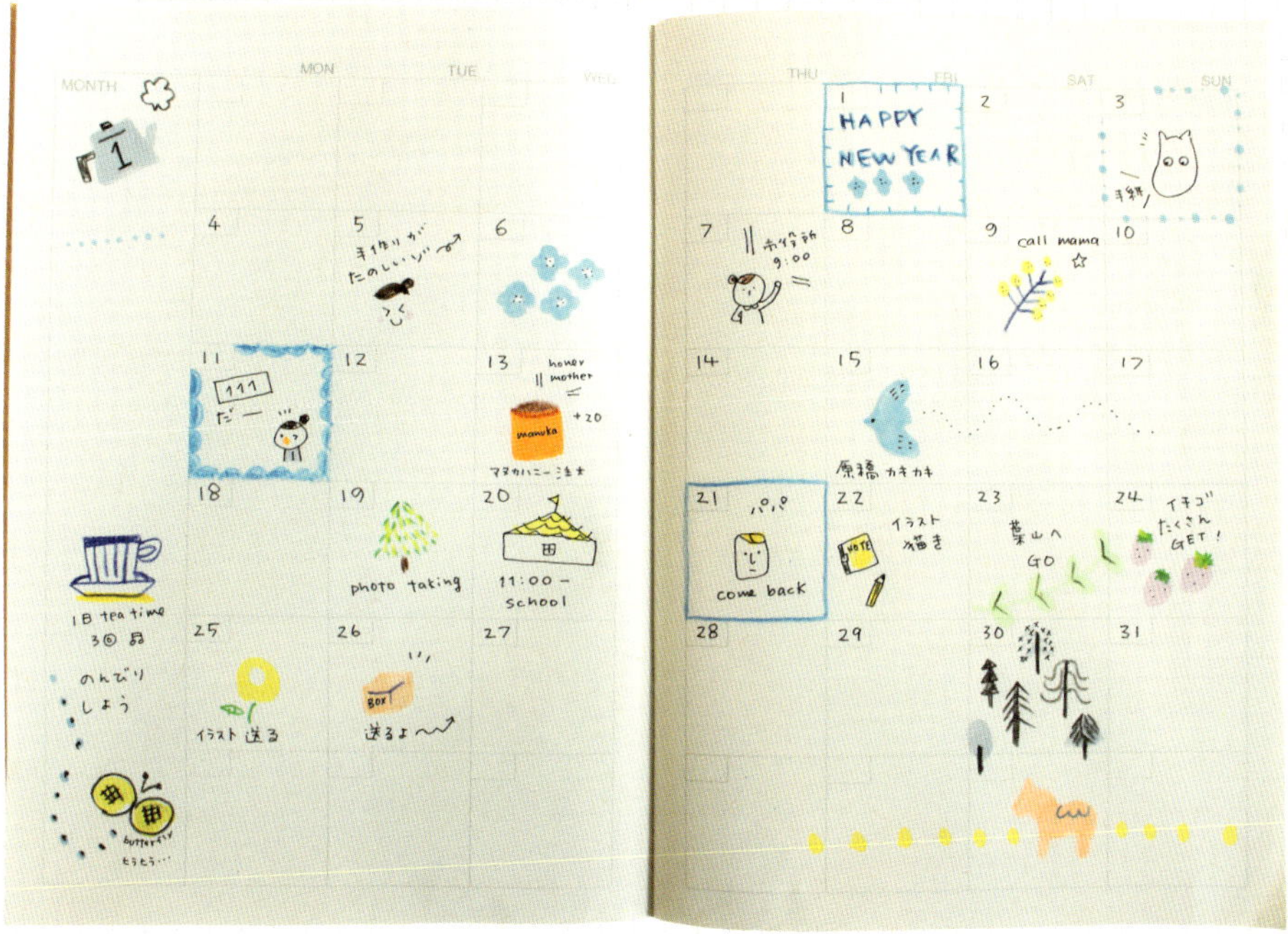

当が要るんだっけ……?」、「あのストック、まだあったっけ」。そうやって思い出している時間は、何もできず、もったいない時間です。そういう細かい時間も、積み重ねれば、大きなゆとりになります。家族と触れあったり、自分が好きなことをしたりすることに、もっと時間を使えたらいいな、と思いませんか。

大切な約束ごとのほか、家事や仕事の段取りは、ぜんぶノートや手帳にお任せ。そうすることで、余計な思考を手放して、目の前のことに全力で取り組めます。

本書では、私なりに16年、ノートを書いてきて、毎日が本当に便利になった、暮らしが変わった、と思った書き方だけをご紹介しています。自分が使いやすいように、色々工夫してノートを作るのも楽しみのひとつです。

実は…ノート歴16年。書いていたら、こんないいことがありました。

私の1日は、書くことからはじまります。毎朝の日課として、ノートに今日をどんな1日にしたいかや、その日の予定、思いついたことなどを書いています。大好きな紅茶を飲みながら、ささっと5分ほど書くだけですが、この5分間だけで、物事が驚くほど好転していくことがわかりました。

ノートを書きはじめてからは、大切なことだけに意識をフォーカスして、無駄なモノ・コト・時間を手放すことができるようになりました。そのおかげで毎日にゆとりができ、空いた時間で、家族との時間や、大事な人とのお付き合いを、もっと大切にすることができました。「家事」も「仕事」も「子育て」もムリをしない。毎日を私らしく、機嫌よく過ごすという、自分にとっての軸が、ぶれなくなったように思います。

家事に費やしていた膨大な時間が減ったことで、自分のやりたいことをする時間も、充実したと実感しています。思えば、1冊目の著作を出したときも、「本を出版したい」とノートに書いて、3週間後に実現しました。このころから、ノートに書いた夢や目標が、どんどん実現していきました。国際結婚がしたいと思い、今の旦那さんと出会ったのも、ハワイや葉山、横浜など、住みたいところに住む夢が叶ったのも、実は「こうなったらいいな」とノートに書いていたこと。その年は、1年で3冊も本を出版する機会に恵まれ、ノートに書かれたことを見返すたび、うれしい気持ちになったのを覚えています。書くことで、自分が「こんな暮らしをしたい」という夢に集中し、意識を向けていたからこそ、実現できたのかもしれないと思っています。

それでは、さっそく
ノートを
はじめてみましょう！

まず、ノートを書き出す前に必要な道具をご紹介していきましょう。必須なのは、ノートや手帳、ペンだけ。これだけあれば、家事ノートを書きはじめられます。

あると格段に便利になるのは、ふせんです。特に私は、無印良品のチェックリストタイプのふせんを愛用していて、手帳の最後のページに貼って、いつも持ち歩いています。また、お気に入りの「テープのりピット タックC」という、貼って剥がせるテープのりは、ちょっとしたメモも、ふせん代わりに貼れて便利。好きなものをふせんにして貼り付けられるので、一時的な覚え書きをするのにも役立ちます。

本書では、4章（102ページ）で、ふせんやメモなどの便利なアイテムとノートを一緒に使うテクニックもご紹介していきますので、合わせて使ってみてください。

普通ののりは、気になった写真や記事のスクラップに使っています。自分らしいノートに仕上げていくために、マスキングテープやマステ風シールも活躍します。お気に入りの柄のものがあれば、毎日楽しく書くことができて、続けやすいです。

ノートづくりのコツは「目を楽しませる工夫をすること」。それではさっそく、作ってみましょう！

ノートをはじめるとき、あると便利なモノ。

シール

イラストを描くのが苦手な人は、お気に入りのシールでデコレーションして。マーク代わりに使えるのも便利

マスキングテープ

デコレーションはもちろん、写真やメモのスクラップ、マーカー代わりの色づけや、ラベルを作るのにも役立ちます

ふせん・のり

ふせんはモノやコトを整理するのに最適で、ぜひ用意しておきたいアイテム。貼って剥がせるのりも便利

＼必須／

ペン

用途にあわせて色分けするために、まずは2色からはじめてみて。3色の場合は違いが見やすい赤青黒がオススメ

＼必須／

ノート

罫線や方眼が入ったタイプなら、きれいに書けてどんな用途にも使いやすい。持ち歩くのならA5サイズくらいまで

＼必須／

スケジュール帳

月間や週間など、予定がふかんできるモノで全体のスケジュールを管理して。シンプルなものがオススメ

【目次】

chapter 3

chapter 4

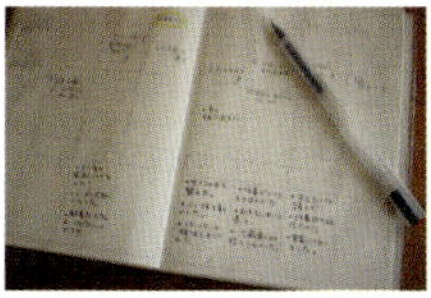

note tips
chapter
1

暮らしがラクになる家事ノートのヒント

家のこと、仕事のこと。毎日が忙しいと、悩んでいませんか？
じつは、ノートと手帳を書くだけで、家しごとはぐっとラクになります。
ノートと手帳を活用して、シンプルでゆとりのある暮らし、はじめてみませんか。

時間が貯まる！ ひと目でわかる魔法のスケジュール。

料理、片づけ、洗濯、やることが多すぎて手が回らない――そんな毎日を変えてくれたのが、「書くこと」でした。ノートやスケジュール帳でその日にやることを整理すると、忙しくても、ふしぎと心は穏やかに過ごすことができるようです。

月初に、外せない予定から書き、あとの隙間で予定をやりくりするように心がけたら、「いつ」、「何を」すればいいか明確になり、やることが多い日も、すっきり過ごせるようになりました。私の場合は家族がいるので、ふたりの子どもの学校の行事、夫の予定、仕事など、優先度の高いものから書き込むのがコツ。特定の家事や雑務など定期的にやることは、なるべく同じ曜日にすると決めると、し忘れがなくなりました。

家族の予定は色分けすればわかりやすい

【黒】…自分の予定
【青】…子どもの予定
【赤】…お仕事の予定

どんな予定かわかるよう、用事は色分けしています。何本もペンを持ち歩くのは大変なので、3色ペンをノートに1本挟んでおくだけでもOK!

定例のやることは"やること曜日"を決めておくのが◎

ブログの更新や定例の家事は、曜日を決めておけば忘れません。掃除は1週間に1箇所、と無理なく決めておけば、負担になりません

POINT 1 2

月の満ち欠けを記録するのがこだわり

新月の日にノートに夢を書く「新月ノート」を実践しているので、新月・満月もチェック。月の満ち欠けの独特の時間軸を感じると、時間の流れがゆるやかに感じます

「やるべきこと」と「やりたいこと」を明確に。スケジュール帳が充実すると、暮らしも仕事も充実する

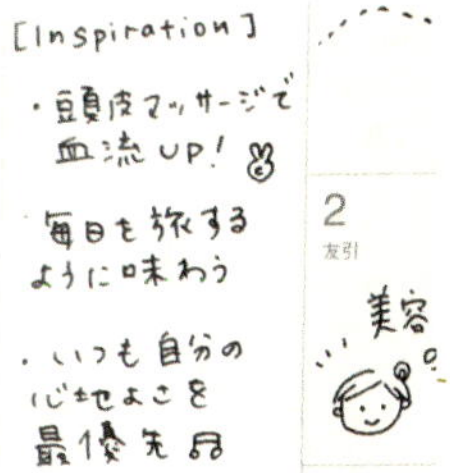

思いついたことは「inspiration」にメモして

思いついたアイディアや、やりたいと思ったことをメモしておくと、問題が解決したり、物事がスムーズに流れたりしやすいです

POINT 3

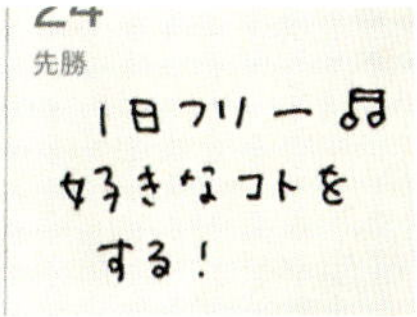

「楽しい!」「やりたい!」は書くことで満足感アップ

自分がやりたいことや、楽しいことも必ず書く!　直感やひらめきはとても大事。自分を喜ばせる時間を、何よりも大切にしています

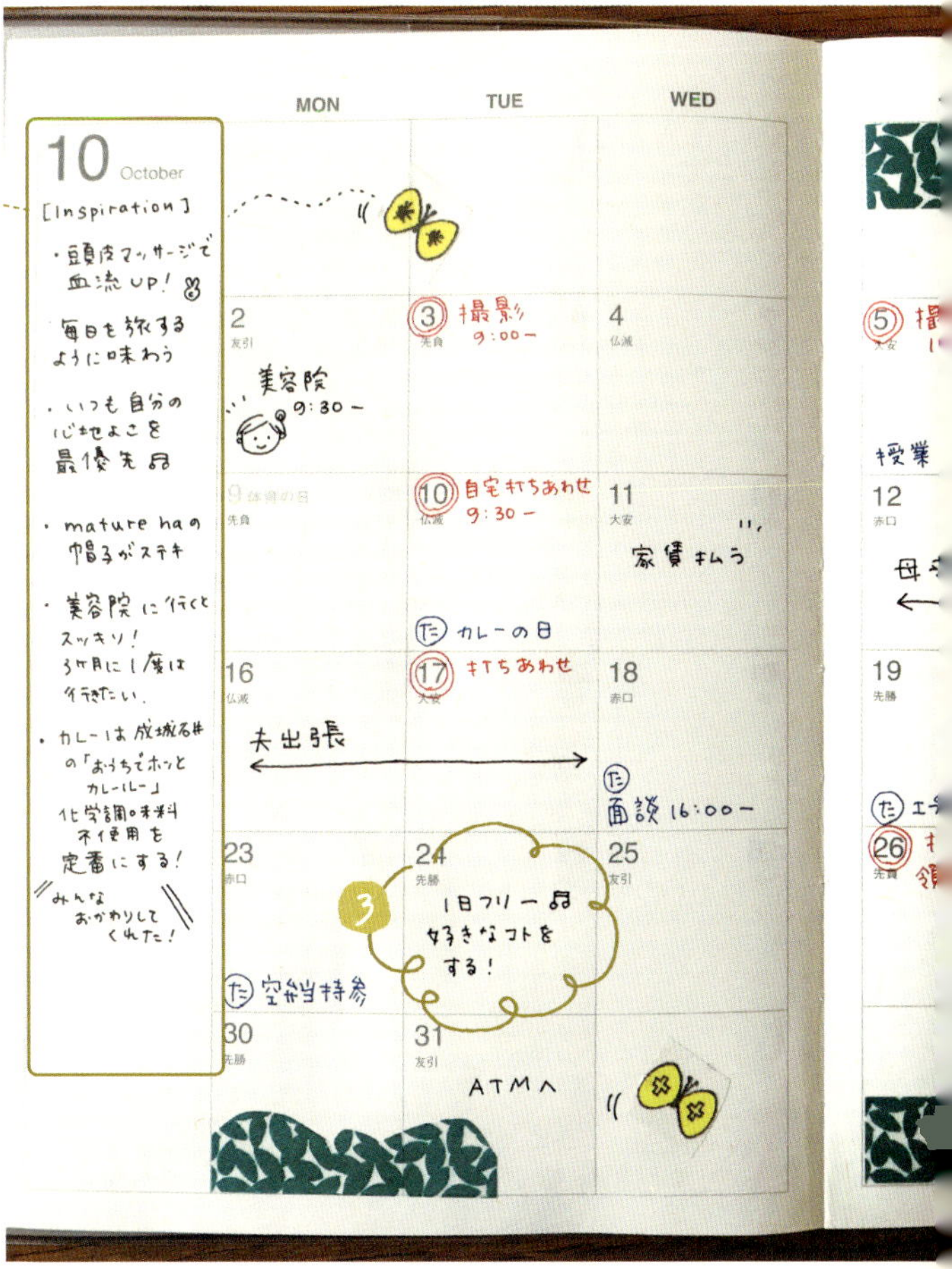

①目標 ②スケジュール ③やりたいことの順に書くと1日の充実度がアップ！

朝一番、ノートを開く時間は、私にとって大切なひととき。2～3行でもいいので、「今日はこんな日になったらいいな」、「こんなことをやるぞ！」と予定を書き出すと、1日がうまくまわりだします。書くことで、時間的には忙しくても、目の前のことに集中し、心は穏やかに過ごすことができることを発見しました。

まずは「今日、どんな1日にしたいか？」を考えて、今日の目標を書きます。この1日の目標と、最後に書く「やりたいこと」は、書くことで心に余裕がうまれ、やるべきことに埋もれてしまいがちな「自分が本当にやりたいこと」に目を向けられます。2番目に書く、今日のや

1日をどんなふうに
過ごしたいか
イメージしながら

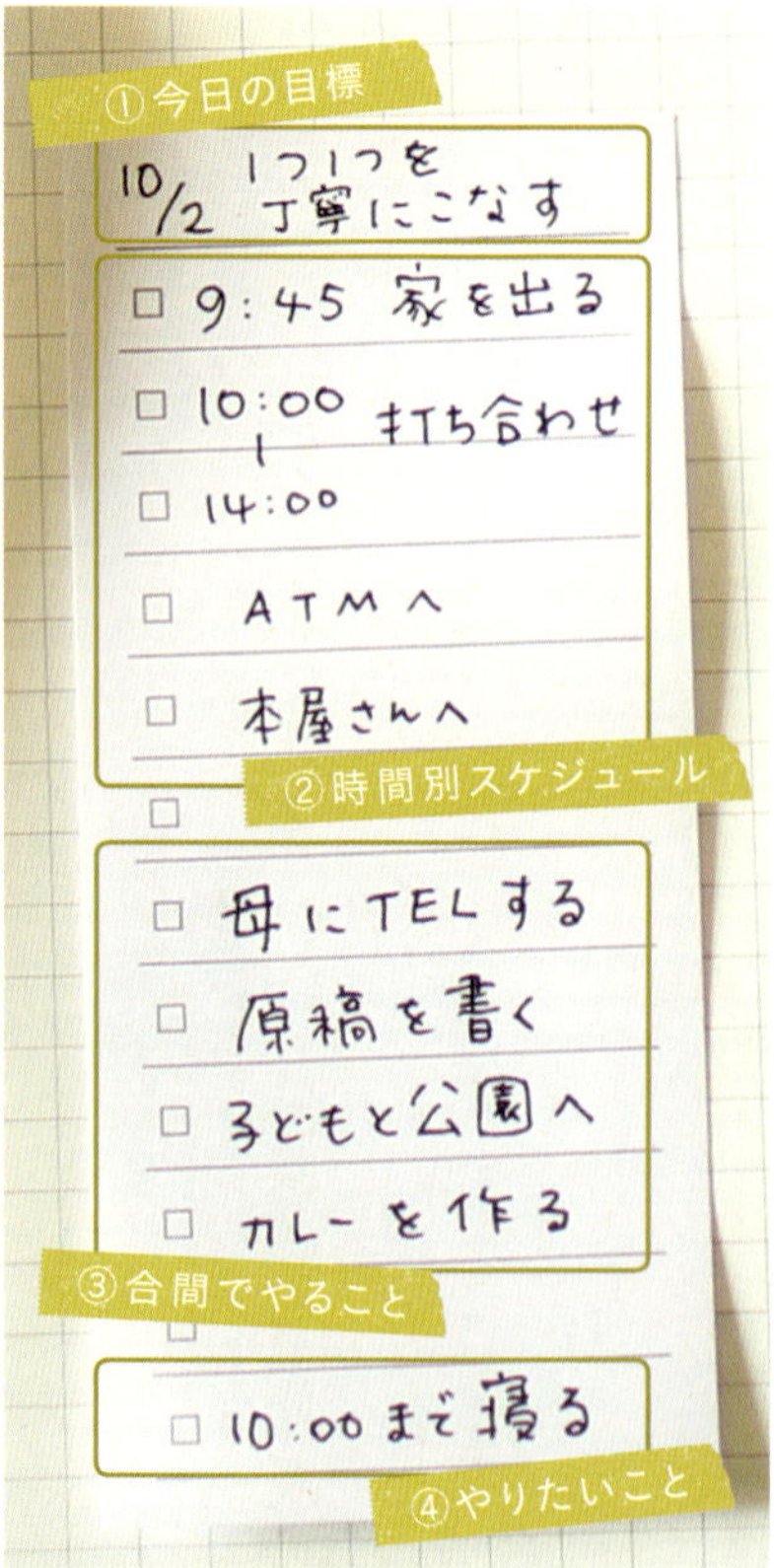
①今日の目標
10/2 1つ1つを丁寧にこなす
□ 9:45 家を出る
□ 10:00
〜
□ 14:00 打ち合わせ
□ ATMへ
□ 本屋さんへ
②時間別スケジュール
□ 母にTELする
□ 原稿を書く
□ 子どもと公園へ
□ カレーを作る
③合間でやること
□ 10:00まで寝る
④やりたいこと

朝起きたら、1日を どう過ごすかざっくりと書き出します

手帳をつかいこなすためには、まず「朝いちばんに、手帳をひらく」ということを習慣にするのがオススメです

ることは、おおまかな時間ごとに書き出すとスムーズ。家しごとや自分の仕事など、やる時間が決まっていないことは、空いた行に箇条書きにすれば「手が空いたときにやろう」と軽やかな気持ちでいられます。書くときのお気に入りは、無印良品のチェックリストふせん（123ページ）。達成したらチェックして、1日が終るときに手放すと、「やりきった！」という充実した達成感が得られます。

　どんなに忙しくても、やるべきことだけでなく「やりたいこと」も大切にして、それをきちんと書き出し、1日に何回かノートを開いて、目を通すことを大切にしています。そのおかげで、随分スキマ時間にやりたいことができるようになりました。やることがきちんとできていると、家事や子育てもがんばろう！という前向きな気持ちになります。

リストはスマホの裏に
貼っておくのが便利なんです

貼って剥がせるのり、
「ピットタックC」で貼ると、
剥がれない！

10分で完成!
週単位の「献立ノート」で、
毎日のご飯づくりがラクになる。

ごはんづくりは、３６５日、毎日続きます。長男がまだ小さかった頃は、「毎日、栄養満点のごはんをきちんと作るべき!」と目標を高く掲げて、一生懸命献立を考えては細かくノートに書く……という作業をしていました。しかしそれは長く続かず、途中で挫折してしまいました。ズボラな私にはハードルが高すぎたのです。

「もっとラクに楽しく続けられる献立ノートがあったら……」。そう思い描きながら、様々な献立ノートを片っ端から試しました。たくさんの失敗を重ねながら、ついに、面倒くさがりな私でもラクに続けられる献立ノートが完成しました。

それは、本当にシンプルな献立ノートです。作り方は、Ａ５版の方眼ノートに、ふせん式のウィークリースケジュールメモを貼りつけるだけで、ベースは完成。定規で何本も線を引いて、細かい表を作る必要もありません。ちなみに、朝と昼は、パンや前日の残り物など、定番メニューが決まっているので、献立ノートには家族全員が揃う、晩ご飯のみを書いています。

ノートの一番上に今週の目標を書き、日付を1週間分書き入れたら、メモの真ん中に一本だけ縦線を引きます。左側の欄には月曜日から日曜日までの献立をざっくりと書き込み、右側の欄には常備菜を書きます。

献立づくりは「日曜の夜」にまとめてやるのがポイント！

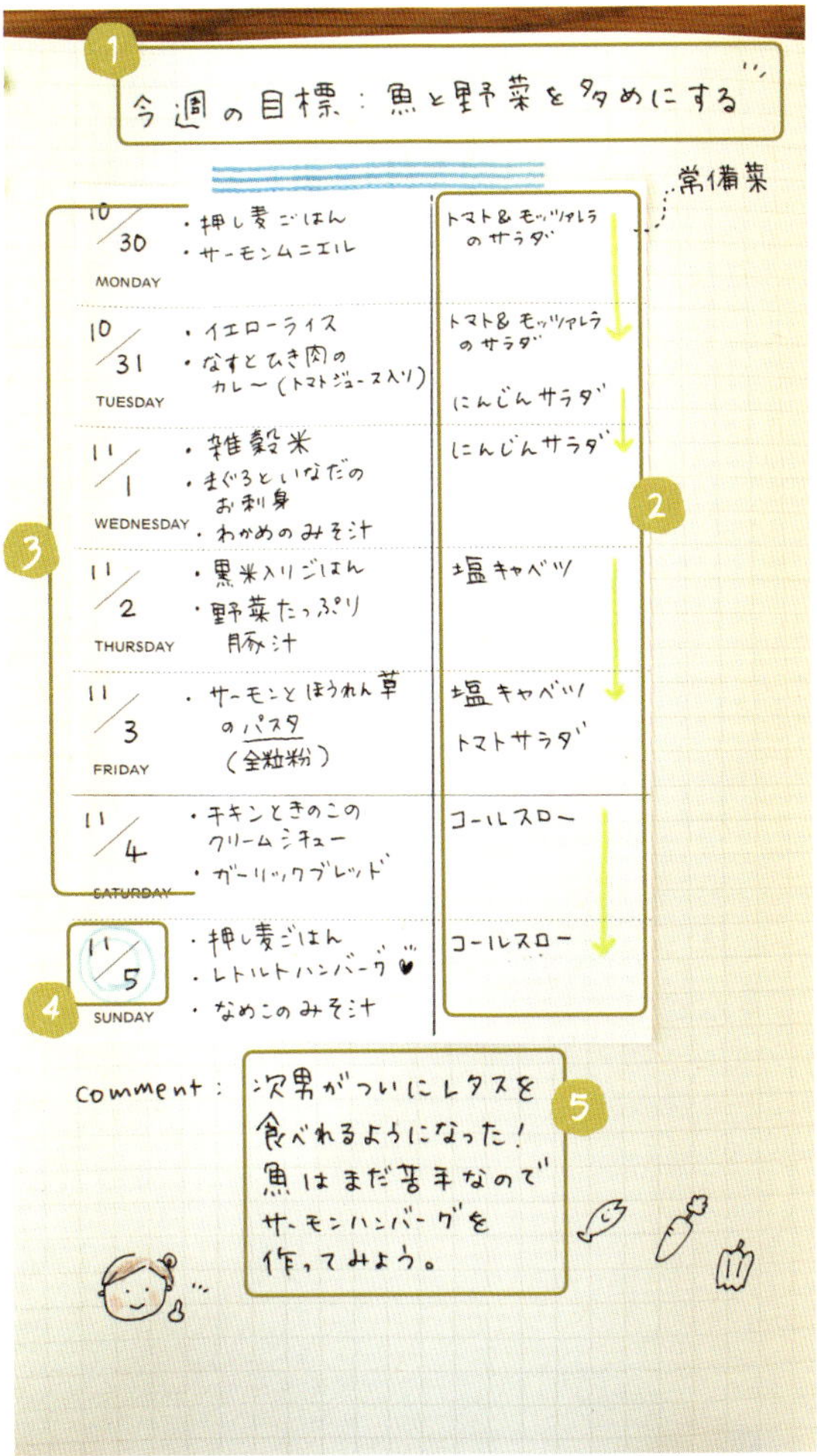

無印良品の方眼ノートにメモパッドを貼るだけなので、いちいち線を引く必要なし。献立は、栄養バランスをみながら週単位で作るのがおすすめ。ラクする日には、水色のペンで〇を書いています

1. 今週の目標を書く
2. あると心強い常備菜を書き出す
3. 1週間のメニューを書く
4. 忙しいときなど、ラクする日は水色で〇
5. 週の最後に感想を書いて、次週の献立に生かす

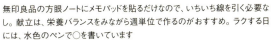

愛用しているウィークリータイプのメモは、DELFONICSの「スティッキースケジュールメモウィークリー」。カラーバリエーションは5色も。日本製

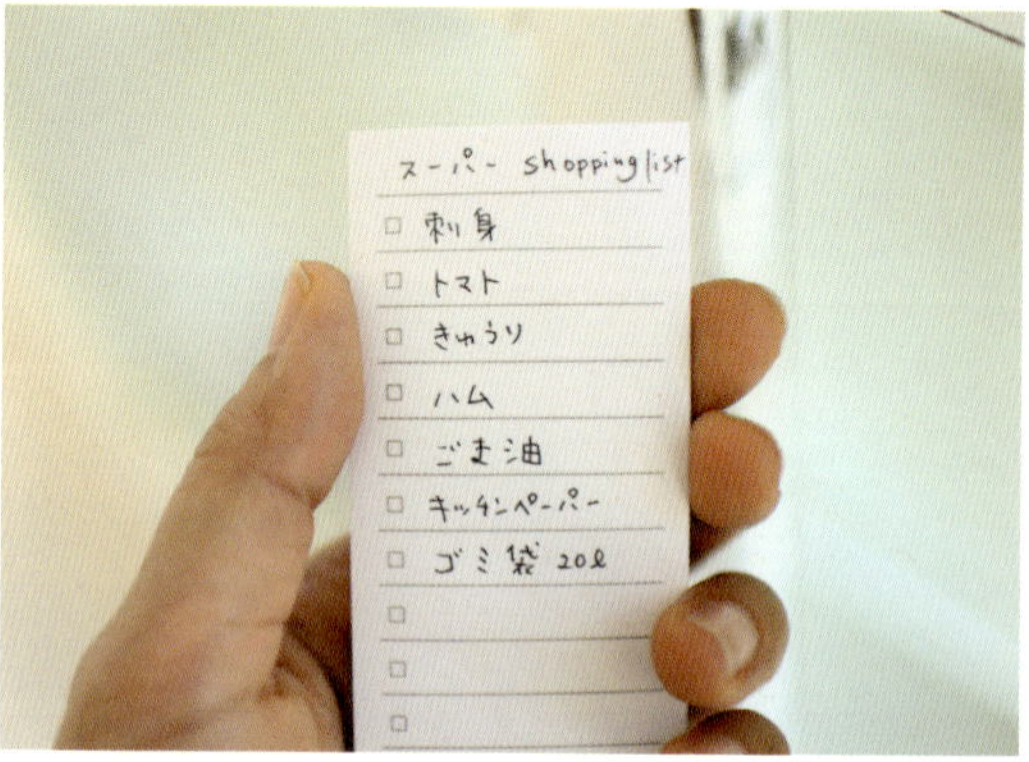

毎朝、その日の献立にサッと目を通して、スーパーで買うモノをチェックリストふせんに書きます

献立ノートのポイントの1つは、献立づくりは「日曜日の夜」にやること。晩ご飯を食べ終えて、後片づけが終わった後に、ノートを開いて、今週のコメント（感想）をノートの一番下に書きます。今週は肉が多かったので、来週は魚を増やそう。今週は手抜きメニューが多かったので、来週はちょっぴりがんばって新しいレシピに挑戦する！ など。コメントを書き終えたら、前の週の献立と見比べながら、次週の献立をざっくりと考えます。

仕事が詰まっている週には、1日～2日はレトルトのおかずやお惣菜などを買ってきて、ごはんを炊いてお味噌汁だけ作る

常備菜でよく作るのがすし酢の簡単ピクルス。常備菜はだいたい2日で食べきれる量を作ります

という日を作るときも。そのときは、水色のペンや色えんぴつで、「この日は手を抜いてもＯＫだよ」という印に日付に○を書くようにしています。

献立ノートにかかる時間は、たったの10分。食後のお茶を飲みながら楽しく書くことができます。

日曜日の夜に献立ノートを作っておくことで、7日間は献立のことは一切考えずに、スッと晩ご飯の支度に取りかかれるのは、本当に助かります。

時間に追われなくなる！忙しい人はスキマ時間を見つけるところから。

1日のスケジュールをざっくり書き出すと見える、意外な「スキマ時間」

目に見えない「時間」を頭だけで管理しようとすると、忘れてしまったり、時間切れになってしまったり……。特に、どうしても忙しいと感じたとき、やりたいことをやったり、ひと休みするための「スキマ時間」を見つけるの

10
2 MON
3 TUE
起床
朝食
お弁当作り
幼稚園へ
打ち合わせ
10:15ー
おむかえ
スーパーへ
夕飯準備
夕飯
あと片づけ
原稿チェック
おふろ
寝る
青い部分がスキマ時間です

に、ノートや手帳がとても役立ちます。

　そのために私がやっていることは、まず「時間ごとにスケジュールを書き出して、空いている部分に好きな色をつけてみる」こと。やることを「見える化する」ことで、「なんとなく忙しい気がするけど、じつはそうでもなかった！」ということがわかりホッとします。それに、焦りからくるソワソワ・イライラを防ぐ事ができるんです。

　家事のあと片付けの後や、打ち合わせの前など、ちょっと空いている時間に色が付くだけで、パッと見て「あれ、意外と空いている時間があるんだ」と気づけるもの。こうするだけで、だいぶ心にゆとりをもって物事を進められます。特に、スキマ時間は、目に入りやすいお気に入りの色のペンで書くと、気分も上がりおすすめです。

　忙しい1日を過ごしている人には特に、時間軸の書いてあるバーチカル式と呼ばれる手帳が便利。もちろん、ノートやチェックリスト式のふせんに書き出すだけでも有効です。書いただけで満足しないで、「何もない時間に目を向ける」こと。そうすることで、時間管理が上手になるように思います。

◉書き出すことで「時間がない」が解決！

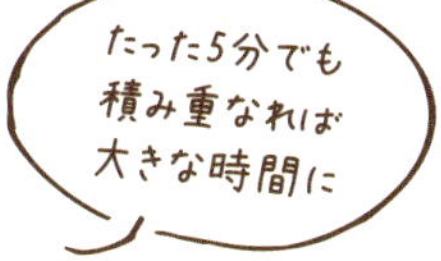

たくさんやることがある日は、ふせんやメモなどに時間別に書いてある今日の予定を確認。スキマ時間が見つかると、思ったより忙しくなかった！　とホッとします

ラクにキレイをキープ。
スキマ時間には、
「5分だけ家事」がおすすめです。

“たったこれだけ！”サクッと家事を終らせます

簡単片づけ

出したおもちゃの片づけは、ぽんぽん箱に放り込むだけ。5分くらいで片づけられる仕組みを考えるのも◎

1箇所だけ掃除

テレビボードを拭く、ゴミ箱を空にするなど、簡単なことでOK。5分間で完結しそうなことがコツです

洗濯

洗濯はもっとも手軽にできる家事。スキマ時間に洗濯物を放り込んでスイッチオン！

花の水換え

花の水変えは、洗い物をするついでに交換。毎日のことなので、5分と言わず、時間が空いたタイミングで

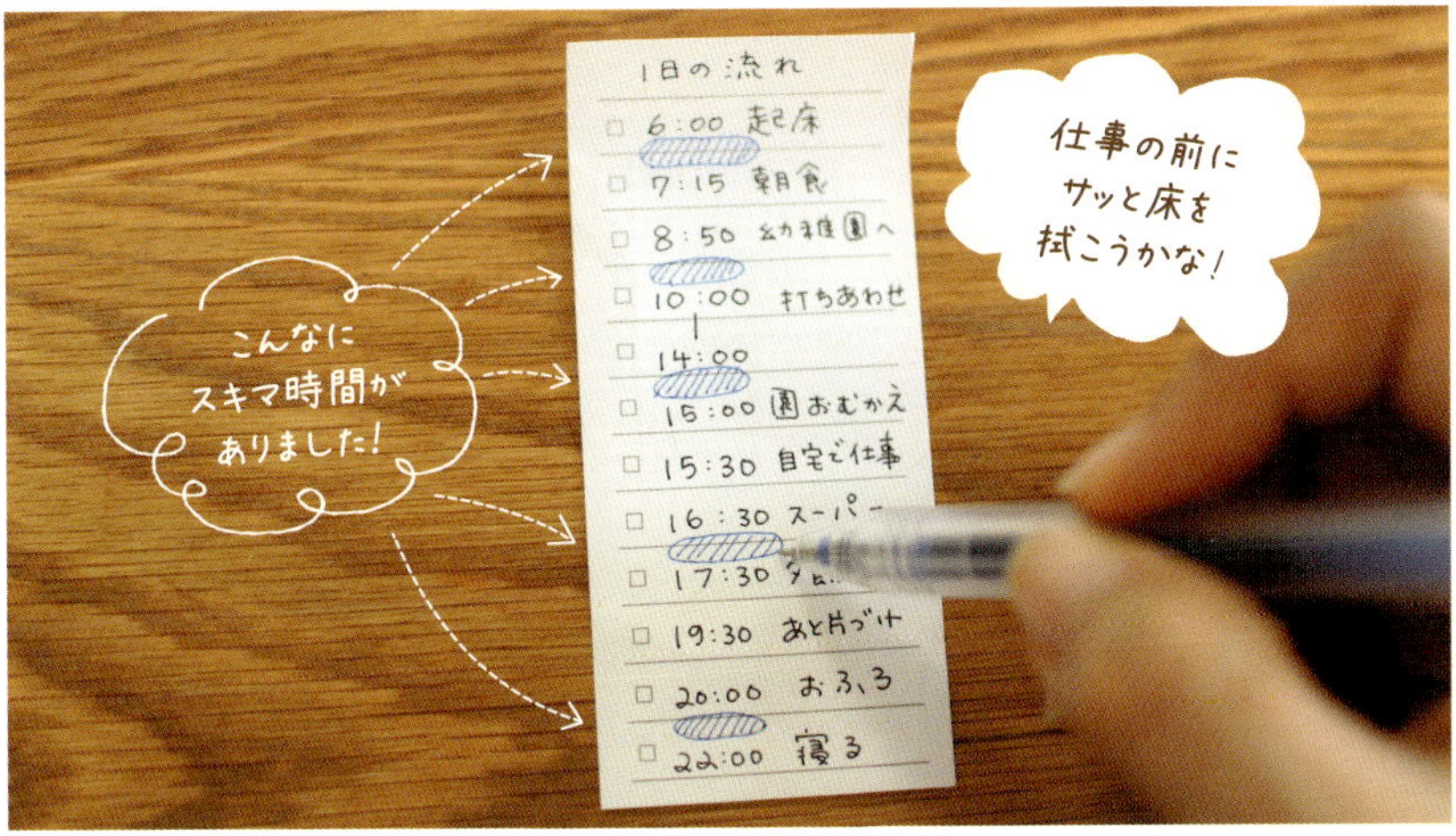

毎日の家事や雑務が「何となく気が進まない」、「今はやる気がおきない」ということは、誰でもあると思います。みなさんはそういうとき、どうしますか？

たとえば、リビングの掃除。子どもの学校行事でくたくたになって帰宅したとき、「今日は掃除はやる気がしない」という日でも……テーブルが片づいていない、なんてことも多いはず。

そんなとき、私が使っているのが、スキマ時間で「5分だけルール」。やり方はいたって簡単。やらなければならないことを「5分だけ」実行するという方法です。

これが意外にも、魔法のように効くんです。気が重い家事や雑務にはすべて、「5分だけルール」を実行しています。「5分だけならできる。パパッとやっちゃおう！」という気持ちになるのです。「たった5分？」と思うかもしれませんが、やりはじめると、意外と気分がのってきて、「気がついたら15分も掃除していた！」ということがほとんどです。

もちろん、本当に5分で終了してしまっても大丈夫。スキマ時間が5分もあれば、けっこう色々と片づけられるものです。最初の「面倒くさい」という抵抗さえ乗り切れば、あとは体はスムーズに動き始めます。終わったら、「がんばってるなぁ、自分ってえらい」と褒めてあげると、さらにごきげんで家事や雑務をこなせるようになりますよ。

スキマ時間ですぐできる!

5分だけ 家事リスト

「5分だけで何ができるの?」、「スキマ時間にどんなことをしたらいいのかわからない!」という人のために、いつも私が実践している「5分だけ家事」のリストをご用意しました。ぜひ空いた時間にやってみてください!

【台所

- □ シンクをさっと拭く
- □ 食器棚のお皿を整える
- □ 冷蔵庫を整理する
- □ レンジやポットなどの家電を拭く
- □ 包丁を研ぐ
- □ パントリーを整理する
- □ 調味料の数を見直す
- □ 調理道具を除菌する
- □ 床をワイパーで拭く

お風呂場

- □ ざっくり最後に壁と床を流す
- □ 排水溝の髪の毛だけ取る
- □ 蛇口だけ拭く
- □ シャワーヘッドを拭く
- □ ボトル類の下を拭く
- □ 鏡をピカピカにしてみる
- □ 浴槽だけさくっと磨く

トイレ

- □ ペーパーホルダーを拭く
- □ 水道まわりだけ拭く
- □ 便器をサッとキレイにする
- □ 窓辺や棚のホコリを払う

玄関

- □ 靴をそろえる
- □ ドアノブとドアだけ拭く
- □ チラシ類を整理する
- □ 鏡を拭く
- □ 靴箱の上を拭く
- □ タタキをキレイにする
- □ ダイレクトメールを捨てる
- □ 傘立てを整理する

はじめは「5分だけで何ができるの？」と思うかもしれませんが、意外とできることはたくさん。特にオススメなのは掃除。1箇所ずつ、スキマ時間にキレイにしていったら、我が家では年末の大掃除が不要になりました！ 全部をやろうとするのではなく、ひとつのことだけを気軽にやるのが、5分だけ家事を続けるコツ。他にも、1週間の献立をまとめて考えたり、補充しておく日用品をチェックしたり……気負わず、空いた時間でやるだけで、家事の時間が大幅に短縮されました。

掃除が習慣化する！
「1日1箇所掃除」を書けば、
無理なく続く。

1週間のテーマを決めて、
1日1箇所掃除をするだけ。
1ヶ月で30箇所もキレイになります！

カトラリーケース、なんていう小さなモノの手入れも立派な1箇所掃除。
小さなところもまめに掃除していれば大掃除要らずに

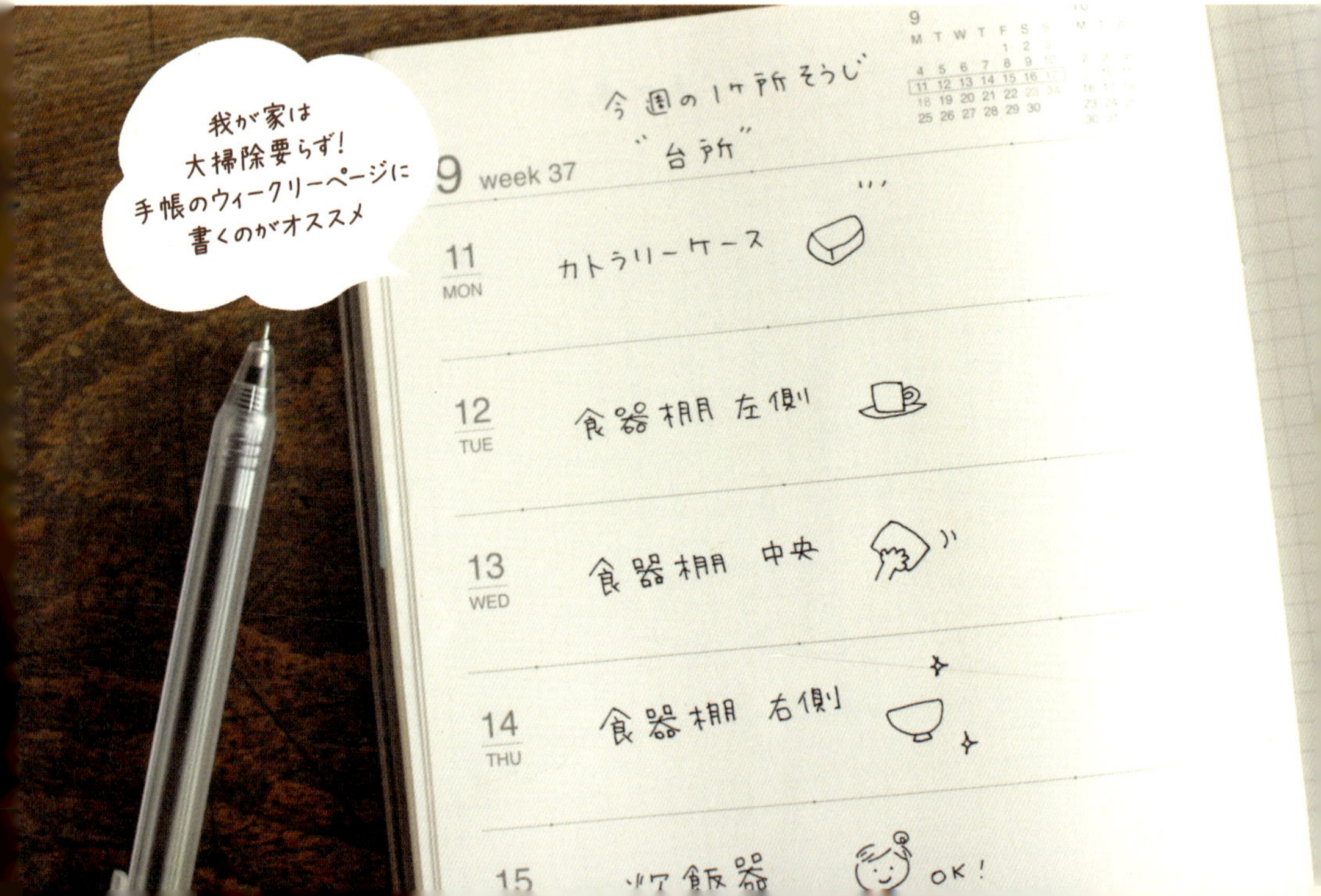

今週は台所だけ集中して掃除！

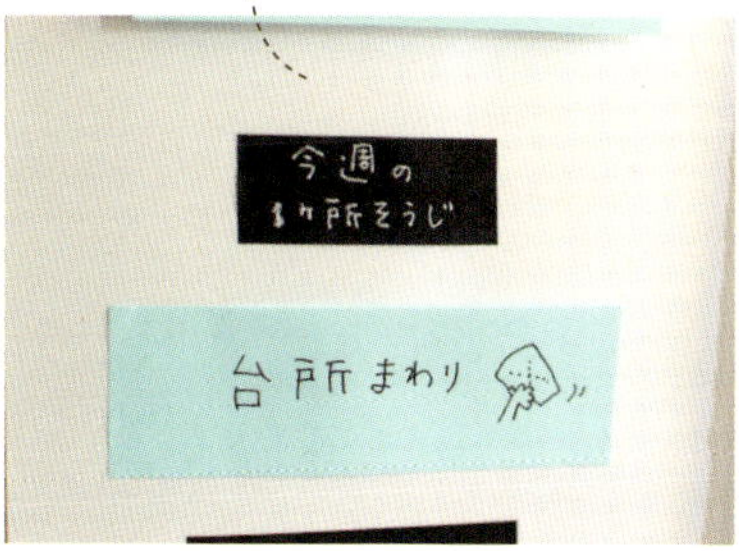

週末に1週間のテーマを決めて、ノートに書きます。ふせんに書いて、よく見る場所に貼っておくのも◎

今日はここだけ！

家電をさっとクロスで拭くだけなら、ほんの1分ほどで完了。スキマ時間に実行するのにぴったりなんです

スキマ時間に、どんな家事をすればいいかわからないという人は、テーマを決めると取り掛かりやすいです。

たとえば、掃除。ずぼらな私ですが、1日1箇所だけ掃除するのが、すっかり日課になりました。掃除する場所は山ほどありますが、1週間でテーマを決めて「1箇所だけ」無理のないペースで続けています。テーマと細かい場所は、はじめにウィークリー欄に書き出します。テーマになる場所を決めることで、週末になると「キレイになったな」と実感しやすくなるんです。

たとえば、「台所」がテーマの週の1日目は、カトラリーケース。箸を出し入れしていると、どうしても小さなゴミがたまってしまいます。サッと水洗いして、風通しのいい窓辺でケースを乾かして。洗って干すだけなら、ほんの1分ほどで終わります。「台所」がテーマの週は、他にも、ラップケースをクロスでサッと拭く、食器棚の一番上の棚だけ拭く（30cm×50cm）……など、簡単にできることばかり。

不思議なことに、ひとつきれいにすると「もうひとつ、やってみようかな」という気持ちなります。そんなときはその波に乗って、またひとつ、ひとつ、ときれいに掃除していけばいいのです。

これが、たとえば、「引き出しすべてをキレイにする！」と決めると、「うわ！大変そう……」という気持ちになります。だから、家事のハードルを、一番下までグーンと下げる。

1日1箇所だけ。掃除は、長距離走です。だからこそ、毎日のハードルを下げて、ゆっくり心地よく継続していくこと。調子がいいときに、いつもよりも多めにやればいい。そのおかげで、わが家は〝そこそこキレイ〟をラクにキープできています。

今週の気になるところを書いてみて！
「1箇所掃除」テーマ別リスト

台所

□コンロ
□魚焼きグリル
□シンク
□排水口
□冷蔵庫
□電子レンジ
□魚焼きグリル
□トースター
□ポット
□食品庫
□食器棚
□炊飯器

リビング

□床
□壁
□カーテン洗濯
□家具上のほこり
□スイッチまわり
□テレビ周辺

お風呂

□窓
□壁
□床
□水垢とり
□シャンプーラック
□ボトルの底
□お風呂のふた
□排水溝
□蛇口
□シャワーヘッド

玄関

□ドアノブ
□床
□ポーチ
□下駄箱整理
□たたき

トイレ

□便座
□便器のなか
□照明
□タンク
□収納

洗面

□床ふき
□鏡をきれいに
□洗濯槽のごみとり
□歯ブラシとりかえ
□洗濯機をきれいに

その他

□ドアノブ
□さっし
□ランプシェード
□コンセント
□家電のほこり
□パソコンまわり

時間が増えて、暮らしにゆとりが生まれる。「やらないことリスト」を作ろう。

やることリストがあると、その日のやることが明確になり、とても便利。そんな「やることリスト」とは逆に、「やらないことリスト」というものがあるのはご存知でしょうか？

やることを把握しておくことも大切ですが、「やらないこと」を知っておく、意識することは、とても大切だと私は思っています。「やらないことリスト」を作ると、ムダを省くことができ、その結果、自分の時間が増え、心に余裕がうまれます。

「やらないことリスト」の作り方は、いたって簡単。自分はこうありたい、こんなふうに一日を過ごしたい、こんなふうに仕事をしたい、ということを明確にして、それを邪魔することを、「○○しない」という書き方でリストアップするだけです。

たとえば、私の場合「いつもごきげんで、毎日を楽しく過ごしたい」、「仕事も家事も子育ても、私らしく自分のペースで楽しみたい」と、いつも思っています。だから、それを阻害することは、避けたいし、やりたくない。

そんなとき、考えたリストは左ページのようになりました。

長い目で見ると、習慣や暮らし方、生き方に良い影響を与えてくれます。ぜひ、自分の環境や状況に応じて書いてみてください。

「やらないこと」リストって、こんなこと。

- 子ども同士の争いに巻き込まれない
  夏休み中はなぜかよく揉めている。それを注意するたびにイヤな気持ちになるから。
- 他人の機嫌をとらない
  他人の機嫌をとるのではなく、自分の機嫌を優先する。自分の気持ちを最優先。
- 家事をめんどくさいと思わない
  少しでも楽しめる側面を見つけよう!
- 夏場は暑くても、甘いジュースやアイスクリームを食べ過ぎない
  おいしくてついつい食べ過ぎちゃう。適量はOKだけど食べ過ぎはNG!
- 夜更かして、朝寝坊しない
  平日も休日も、夜は早く寝て、朝をすっきりいい気分で迎えたい。
- テレビをつけっぱなしにしない
  だらだらと観てしまったら、時間がもったいない。
- 子どもを感情的に叱らない
  叱る、怒る、ではなく「注意する」感じで。
- 夜遅い飲み会には行かない
  健康によくないし、翌朝早起きしづらくなる。

たとえば……

「家事を面倒だと思う」のをやめて、意識しだしたら毎日が楽しくなりました

「家事が面倒だと思う」のをやめる！　と決めると、不思議と苦手だった洗い物が、少し楽しめるように。次は、スマホで音楽を流しながらやってみよう、というアイディアも浮かびました

子ども用ノートで、子どもたちにも「書く習慣」と自主性を。

子どもの服や持ち物は、自分で管理してもらっている、というと、よく驚かれます。長女は、ノートに洋服や持ち物を定期的に書き出しています。こうして記録してみると、どの洋服にも愛着がわき、1枚買い足すにしてもじっくり吟味して決めるようになります。新しい服を買ってきたら、いっしょに更新。定期的に見直して、手放す必要があるかどうか、自分で判断します。ノートには簡単なイラストが描いてあると、なお効果的です。服やおもちゃのすべてを把握しようとしても、すべてを思い出せないし、使わないものは忘れてしまうので、ひと目見てわかりやすいようにしておきます。

お絵かきするようにモノの管理ができて、子どもたちも楽しそう。私がよくノートに向かってあれこれ書いているからでしょうか。我が家の子ども達は書くことが好きです。これからも、「書くこと」がつねに身近にあってほしいと思います。

我が家では、「子どもたちのお手伝いリスト」も、ふせんに書き、冷蔵庫にぺたりと貼って共有しています。実物は、次男が読めるように、ひらがなで名前とお手伝いの内容が書いてあります。

そんな、ノートとふせんの合わせ技による子どものちいさな手伝いのおかげで、家事がラクになりました。

3人いるから、サポートは3倍！　心強い味方です。

自分用のノートでお絵描きしながら「書くこと」を学ぶ

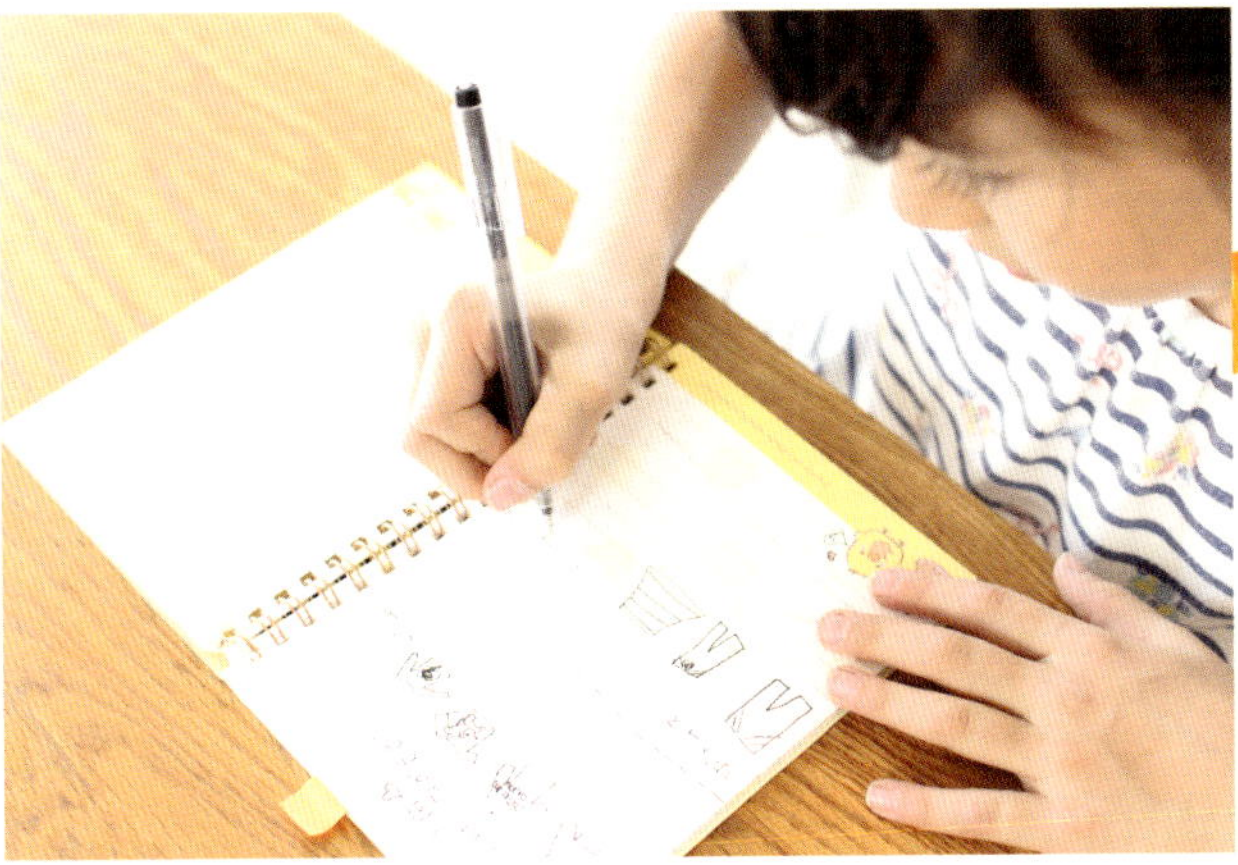

持ち物の管理を自分でしてくれるだけで、家事はぐんとラクになります。「これは似た柄だね」、「少し小さくなってきたね」と見直せば、1着1着に愛着がわき、モノを大切にする心も育ちます

◉私も、大好きな母に影響を受けました

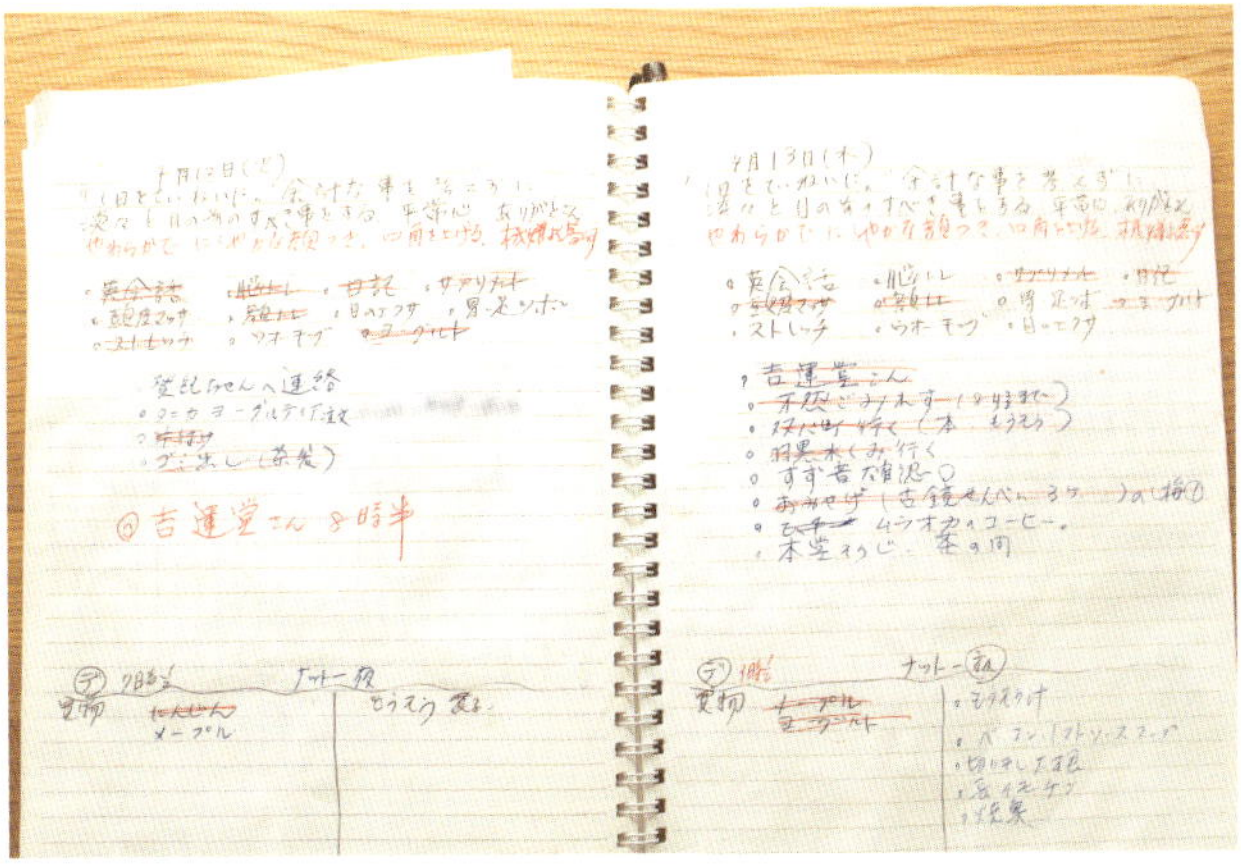

これが母の実際のノートです!

私がノートを書き始めたのも、実は母の影響。私が知っている母はいつも台所に居た印象です。家事をこなしながら、スキマ時間に1日1ページ、やることや、気づいたことについて、必ずノートを付けていました。子どもたちにも、そんな習慣が伝わればいいなと思っています

みしぇるさんが
達人に
教わりました!

づんさんに聞く
お金が貯まる家計ノート

毎日の家計を記録した「づんの家計簿」は大人気!
考案者のづんさんに、はじめて家計簿をつけるときのポイントを聞きました。

皆さんご存知、「づんの家計簿」!

POINT 4

必ず"総合計"で記録する

日々の支出は、必ず「総合計」を上書き。たとえば、100円の買い物をした翌日、200円の買い物をしたら最後に300円と書きます

POINT 3

その日のぶんのレシートを書く

いよいよ、毎日の支出をメモします。日付と店名、買ったものと価格をメモします。「づんの家計簿」で最も重要な作業です

POINT 2

固定費は目に入りやすいところに

毎月、必ずある支払い項目(固定費)を書きます。また、あらかじめお金を使う予定がわかっていれば、メモ欄に加筆します

POINT 1

給料日に収入を書く

給料日になったら今月の収入を書きます。家計簿自体は給料日に左右されず、「月」単位で考えると、より低めの予算内でやりくり可能

【づんさん流　お金が貯まるノートのルール】

Rule 1 ずぼらでも大丈夫！　その日の分だけ、とにかく「書く」ことからはじめる。

家計簿は「書くことを習慣づける」のが第一歩。はじめは赤字でも気にしなくてOK!
歯磨きと同じように、「しないと気持ち悪い」習慣にするのが、続けるコツです。

Rule 2 きれいに書こうとしなくてもOKです！

きれいに書かなきゃ、と思うと、負担になり、家計簿がストップしがち。
目的は家計の把握ということを忘れないで。慣れたらていねいに書くと見返しても楽しいです。

Rule 3 お金を使っていない日も「とりあえず開く」ことが大事。

特に支出がなかった「ノーマネーデー」でも、とりあえず開いてみて。
何も支出がなかった日は、読み返すのが楽しくなるような日記を書くのも有効です。

3児の子どもを抱えるづんさんは、家計を一手に担ったことをきっかけに家計簿をつけはじめました。意外にも、「はじめは面倒だし、赤字続きで嫌になりしました」とのこと。「はじめは赤字でもいいので、1日1回書くことを習慣づけること！」と、づんさん。『づんの家計簿』を見ると、その細かさに圧倒されそうになりますが、意外にも、1日に書く量はごく僅か。その日に買い物したぶんだけ、その日のうちに書くと、10分もかからず意外と簡単に終るそうです。

Profile
づん
鹿児島出身、島根在住。4才と0才9か月の息子、3才の娘を持つ。自作の家計簿をインスタグラムに投稿したところ、きれいでわかりやすいと大人気に。

毎日が幸せになる「づんの家計簿」書けば貯まるお金ノート（ぴあ）

みんなの「づんの家計簿」（宝島社）

Q1 ズボラで家計簿を書く自信がない！こんな私でも大丈夫？

A 書くことって、意外と少ないから大丈夫。とりあえず買ったモノをメモしてみて！

1日の収支をその日のうちに書くだけなら、5〜10分くらいで終るので安心して。見開きで1ヶ月の集大成を見ると大変そうに見えるのですが（笑）、まとめて書こうとせず、その都度書いてみて。

大変そう
だけど……

1日に書くのはこれだけ！

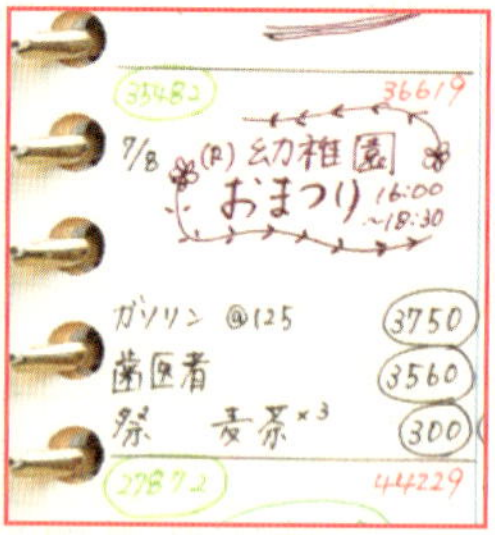

Q2 普通の家計簿だと「費目」が多すぎて、どこに何を書いていいかわからない……

A そもそも、費目をなくしてシンプルに記録するといいかも！

項目ごとに書き出すことをやめて買ったモノをシンプルに書き出すのが「づんの家計簿」の特徴。とりあえず1年続けて、「食費はどの位かかっているの？」と知りたくなったら、よく買っているモノから費目を作ってみるといいかも。

ズボラでも
つけられ
ますか？

Q3 いざ！　はじめてみると、面倒で続けられないんです……

A 負担になることを書き出して。あえて大変なことはしないで！

「面倒」と思うことを、しないで済むフォーマットに変えましょう。『づんの家計簿』も、毎日の合計を月末に全部足すと計算が合わないので、上書き合計式になりました（笑）。

面倒なことリスト

- 月末に収支を全部足すのが面倒
  →毎日の支出を足していく、「上書き合計式」にする
- 保険額や積み立て貯金額まで調べるのが面倒
  →まずは、自分が知りたい項目だけ書けばOK!
- 見たいページを探すのが面倒
  →インデックスを付けてみる

家計簿をつけはじめた人が挫折しがちなのが、「細かく記録すること」。面倒くさいと思いがちですが、あえて毎日つけることが解決策。「まとめて書こうとすると、逆に、その分の時間がかかって負担になります。毎日やるほうが、結果的にはラクできます」。また、続けるためには、できるだけ負担になることをしないのがコツだそう。「面倒だと思ったら、それをなるべくやらない」方向に、フォーマットをカスタムしていく。『づんの家計簿』は、そんな努力の先に完成したのでした。

Q4 やってはみたけど、なかなかお金が貯まらないんです

A スケジュールと組み合わせて！ふせんを使うと便利です！

家計は日々の積み重ね。「この日はノーマネーデーにしよう」、「この日はセール！」など、お金に関するスケジュールは、ふせんに書き、手帳と一緒に管理すると効率的です。

ふせんには習い事でかかる予算や、セールの日程などを貼ってメモします

づんさんが愛用しているのは、無印良品のふせん。無印の「ポリプロピレン救急絆・綿棒ケース」がピッタリだったので、入れて持ち歩いています

すでに予定がある出費やセール日をさくっとメモしておくのには、ふせんが便利。ポイントアップデーなどはあらかじめ調べておき、それまでに買うモノをよく吟味して。ひと月の予定と合わせて、出費の予測を把握しておくだけでも、なんでもない日に出費しすぎないようになります。「今月はすでにお金を使う予定がある」と意識すると、備えて、お金を使わない日を過ごすことができます。美容院や奨学金の返済など、予測できる収支のメモは貼って、メリハリをつけて。

Q5 保険料なんかの生活費以外はどう書けばいいですか？

A 知りたい項目だけ、暇なときに他のページに書き出してみましょう

財形貯蓄や水道代など、ピンポイントで変動が気になる収支があれば、まとめて別のページに書き出しましょう。その数字だけだと毎月ごとの移り変わりがすぐわかります。

まとめるページにインデックスを付ければ、知りたい費目だけ索引できます

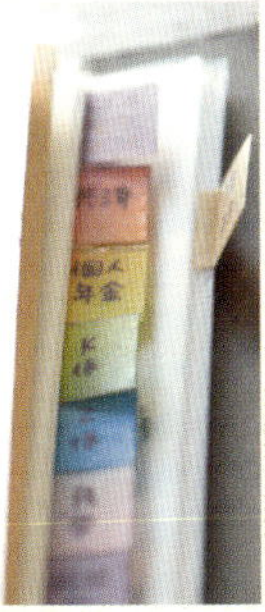

「財形貯蓄」だけをまとめたページ。知りたい項目だけまとめて付けても◎

携帯代や水道代など、月によって変動する固定費は、その項目だけを見ていないと傾向がわかりづらいもの。そんなときは、気になる項目だけをまとめたページを作ると、長いスパンでの支出の変動に気づけ、出費の見通しが立ちやすくなります。づんさんの場合は、財形貯蓄だけを別のページに記録して、「何年後にはこんなに貯まっているんだ！」という実感を得ているそう。たしかに、天引き貯金や年金も支出ではなく貯金と考えれば、ずいぶん気持ちがラクになりそうです。

みしぇるさんが
達人に
教わりました！

ぽんたさんに聞く
料理上手になる献立ノート

色とりどりの献立ノートで、毎日の料理を
賢く節約しているぽんたさん。
お料理上手になるために、ノートのコツを教わりました！

Profile
ぽんた
山形県出身。イラストレーター。
節約のために考案した献立ノートにより、食費の大幅な削減に成功。「無理なく、楽しく」可愛いイラストがインスタグラム（ponta_1005）で人気。シールやマスキングテープの販売も。

節約のためにはじめた献立ノートが話題となり、一躍人気となったぽんたさん。ストック食材をもとに1週間の献立を考え、食材を無駄なく使いきることができるのが特徴です。また、週はじめに献立を決めることで、毎日の料理の時短にも。

POINT 1

ストックリストを元に1週間のメニューを書き出そう

食べたいモノをメインにして、副菜はメインで余りそうな食材を元に、1週間の献立を考えます

POINT 2

家にある「ストックリスト」と足りないものの「買い物リスト」

レシピに足りないモノを「買い物リスト」に書き出し、買い物へ。価格もメモします

POINT 3

作ってみたい献立はここに書いておきましょう

今後作ってみたい献立や、定番の献立はこの欄に。余った部分は記録やメモに使います

これがぽんたさんの献立ノート!

「1週間のメニューと献立が、
A5サイズのちいさな見開きでわかる!
節約のためにはじめたんですが、
もう献立に迷わず、買い物も時短になりました」

4ステップできる！ ぽんたさん流 献立ノートのつくりかた

STEP:1

家にストックしてある材料を書き出す

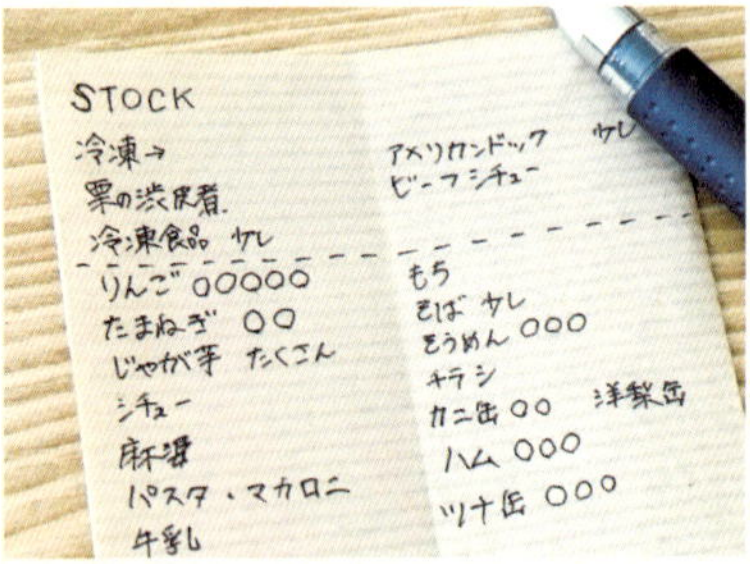

家にある食材をすべて書き出します。野菜など、駄目になりやすい食材は特に確認しておきましょう

STEP:2

材料から1週間のメニューを考えて書く

食材リストからメニューを考えます。どの献立にどんな材料が必要かも書き出せば、足りないモノがわかります

STEP:3

買い物リストを作り実際に買った金額を書く

足りないモノを買い物リストとして買出しへ。購入前に目処になる金額を書き、実際に買った金額も必ずメモ

STEP:4

作ったメニューは写真にして見返そう

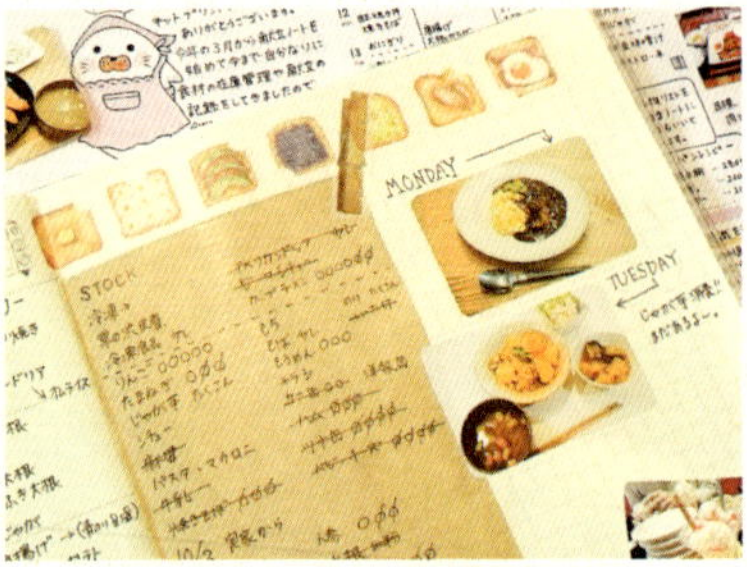

献立リストを元に、1週間料理をしてみましょう。作ったメニューは写真に撮って貼ればモチベーションもアップ

【ぽんたさん流　献立ノートのルール】

Rule 1

1週間の材料と内訳が、ひと見開きでわかれば献立を立てやすい！

どんな食材があるかを考えて献立を作ると、食材を駄目にすることがなく、料理時も慌てないですみます。また、なんとなく買い足していた食材費も削れました。

Rule 2

無理のない範囲で続けることを第一に。

忙しい時、体調が悪い時などノートを開く余裕がないときは、空白のページでもOK。
レシピや外食の記録は書いたり書かなかったり、続けるために自由にしています。

Rule 3

マスキングテープやシールで季節感を出せば楽しく描ける！

ルールを決めすぎず、楽しいことを書くようにしてみて。たとえば、献立と食材費についてはきちんと書くことを心がけていますが、それ以外は見返したとき楽しいように写真などを貼って使っています。

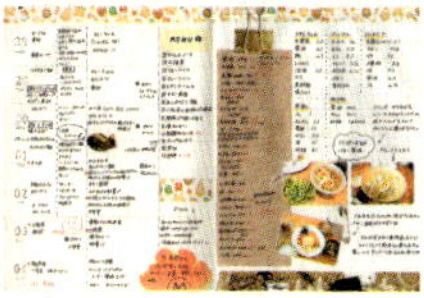

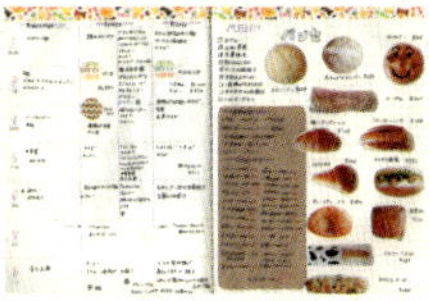

食材からメニューを考えることで「食材をだめにすることがなくなった」とぽんたさん。献立ノートはひと見開きで1週間分のメニューと食材、食費がすべてわかるので、毎週、少しずつレイアウトをかえて楽しくノートをつけているそう。「食材を週の半ばで買い足さないおかげで、余りモノをリメイクしたり、家にあるモノで代用したりと、料理のレパートリーも増えました」とのこと。思いついたら、メモ欄に作りたいメニューを書いておき、アレンジするのも楽しいそう。

minimalist
chapter 2

少ないモノですっきり暮らす ミニマリストのノート術

身軽に暮らすために、ノートがとても役立ちます。
ここでは、私がモノを手放すときに実践している、
手放すモノの見極めかたから、管理方法までをご紹介していきます。

ノートに「書き出す」だけで、ラクに手放し、好きなモノに囲まれて暮らせる。

モノを少しずつ手放しはじめて、今では3年ほど経ちました。

　我が家には子どもが3人居るので、身軽に暮らすことを心がけていても、どうしても〝モノが増えてしまう時期〟の波があるようです。モノは、放っておくと、増え続けてしまうもの。モノが増えない日はないので、何よりも、「手放す」ことをずっと続けていくのが大切です。

　この「手放す」を継続するためには、ノートや手帳などに、「書く」ことが一番だと感じます。ノートやスケジュール帳、もしくはカレンダーなどに、手放したモノを記録していくだけで、「こんなに手放せたんだ！」という達成感があって、グンと続けやすくなります。

　特に最初の頃は、モノを減らすのが1日1つずつだと、実感しづらいということもあったので、ノートに書いて手放したモノを可視化することで、確実にモノが減っていることを実感できました。見るたび、手放すことに対して「よし、この調子で続けるぞ」という前向きな気持ちにもなり、ラクに継続することができました。

　また、手放すのに抵抗感がある人こそ、モノをひとつひとつ書き出すことで、吟味がしやすくなります。まずは、食器棚1段分や、引き出しの中など、小さなところからはじめてみてください。中にあるモノを書き出

していくだけで、「こんなにモノがあったんだ」、「意外と使っていないモノが入っていたんだ」という驚きがあるはずです。

我が家では、キッチンやクローゼットなど、特に増えがちな場所のモノを書き出して、モノの量を調整するのにノートがひと役買っています。書き出していくと、棚の奥にしまってあって見えなかったモノも把握できるようになるので、全体のモノの量や、要るか要らないかが、もっと簡単にわかるようになります。

次のページからは、そんな我が家流の、ミニマリスト的ノートの使い方をご紹介します。

捨てたモノを記録するだけ！ ラクに断捨離できる 「1日1捨て」ノート。

私は、昔からメモ魔で、その日にやることやふと思いついたことなどをノートに書く習慣があります。「1日1つ、モノを手放す！」と心に決めたときも、「持ちモノノート」が活躍してくれました。

モノを手放すときのために、すべてのモノをノートにリストアップした訳ではありませんが、特に躊躇しがちなモノを断捨離するとき、ノートに、「何をどれだけ持っているか」を書き出して「可視化」することにより、自分にとって何が必要で何が不必要なのかを、より明確にすることができました。

手放したモノを、「記録する」と手放すことが習慣になる

Idea:1　ノートに記録する

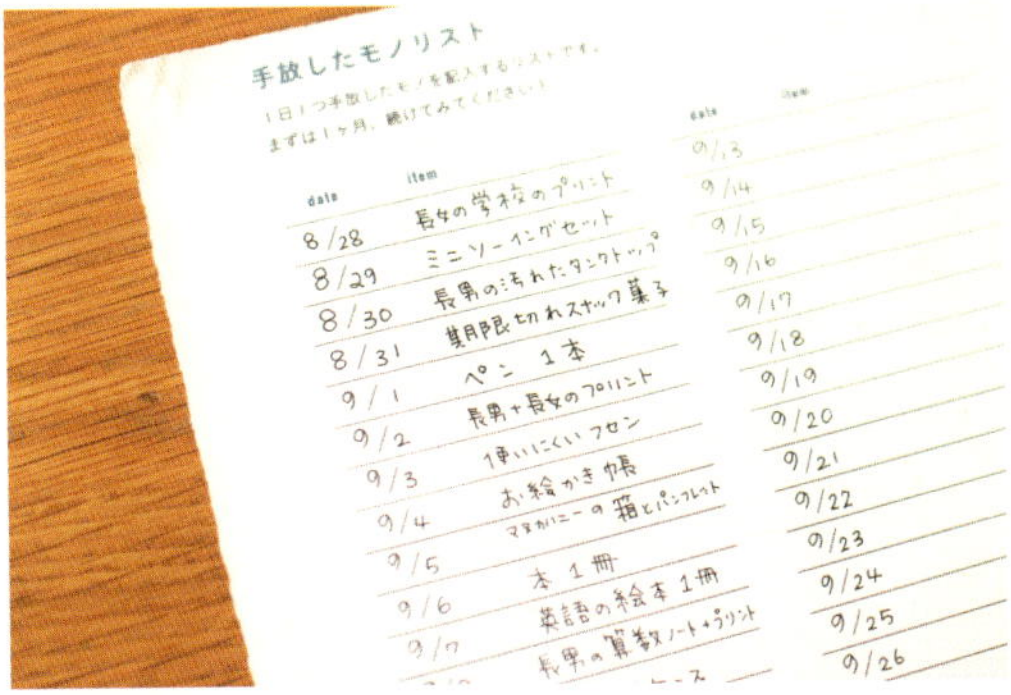

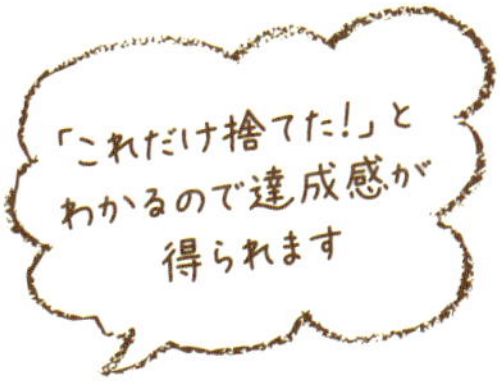

1日ひとつ手放したモノを、日付けを書いてリストとして保管。後から見直すと達成感があり、「この日はこれを手放せた!」という記録としても便利です

Idea:2　ふせんに記録する

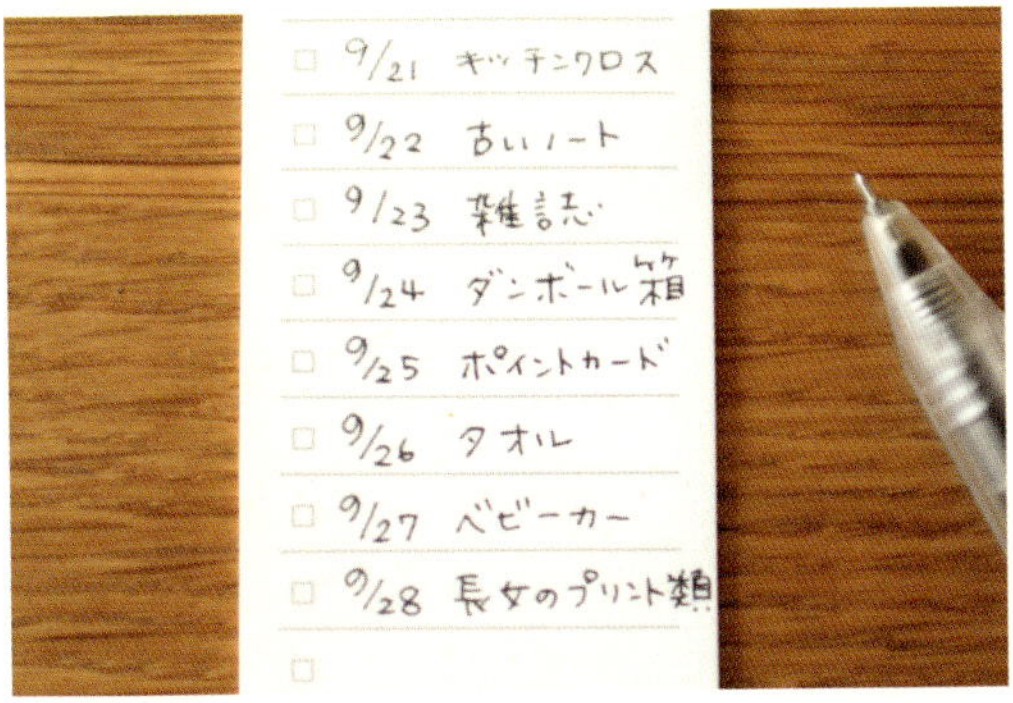

手帳やノートに書かずとも、ふせんなら思いついたときにすぐ書けます。リビングなど、モノを手放しやすい場所の近くなどにふせんを待機させておくと、スムーズです

持ち物をリストアップするとき、「小さなイラスト」を入れると、さらにわかりやすくなります。イラストは上手に描く必要はまったくなく、イタズラ書き程度のちいさなイラストでいいんです。

　イラストには、ノートを特別な一冊にしてくれる不思議なチカラがあります。苦手でも少し書くだけで、ノートに愛着がわき、自分にとってより特別な1冊になると思います。

　モノを手放しておうちをスッキリさせようと思っている方や、断捨離の作業を楽しいものにするためにも、「1日1捨てノート」づくりは、ぜひおすすめしたい方法です。

手放すサインを見逃さない！
持ち物ノートのここをチェック

Point 1

どれくらいの頻度で使っていますか？

私はおおよそ半年間のあいだに使ったかどうか、をモノを手放す目安にしています。最後に使ったのは2年前……というレベルで使わないものなら、いっそ手放して、レンタルや必要になったら買う、というのも良いと思います。

Point 2

数が多すぎて、取り出すときにモヤモヤしていませんか？

「服が多くてシワになっちゃう！」、「お皿が多すぎて、一番下のは全然使ってない」……。収納されているモノが障害になり、奥手のモノが取り出しづらい……と感じたら、収納量以上のモノがスペースに収まっているのかも。

Point 3

”理想の私”に必要ですか？

あなたが思い描いている「理想の生活」のなかに、そのモノが登場しないのであれば、手放してしまってOKです！　お気に入りのモノに囲まれてこそ、ひとつひとつのモノを大切にできるのだと思います。

Point 4

それ、まだ使えますか？

「部屋着にするかも」と思ってとっておいた服、本当にまだ使えますか？　近所に出かけるのが恥ずかしいのであれば、見直してよいかもしれません。汚れたり、壊れたりしたモノは、よほど理由が無い限り、役目を終えたと考えましょう。

モノが増えなくなる秘訣は「捨てた理由」まで書くこと。

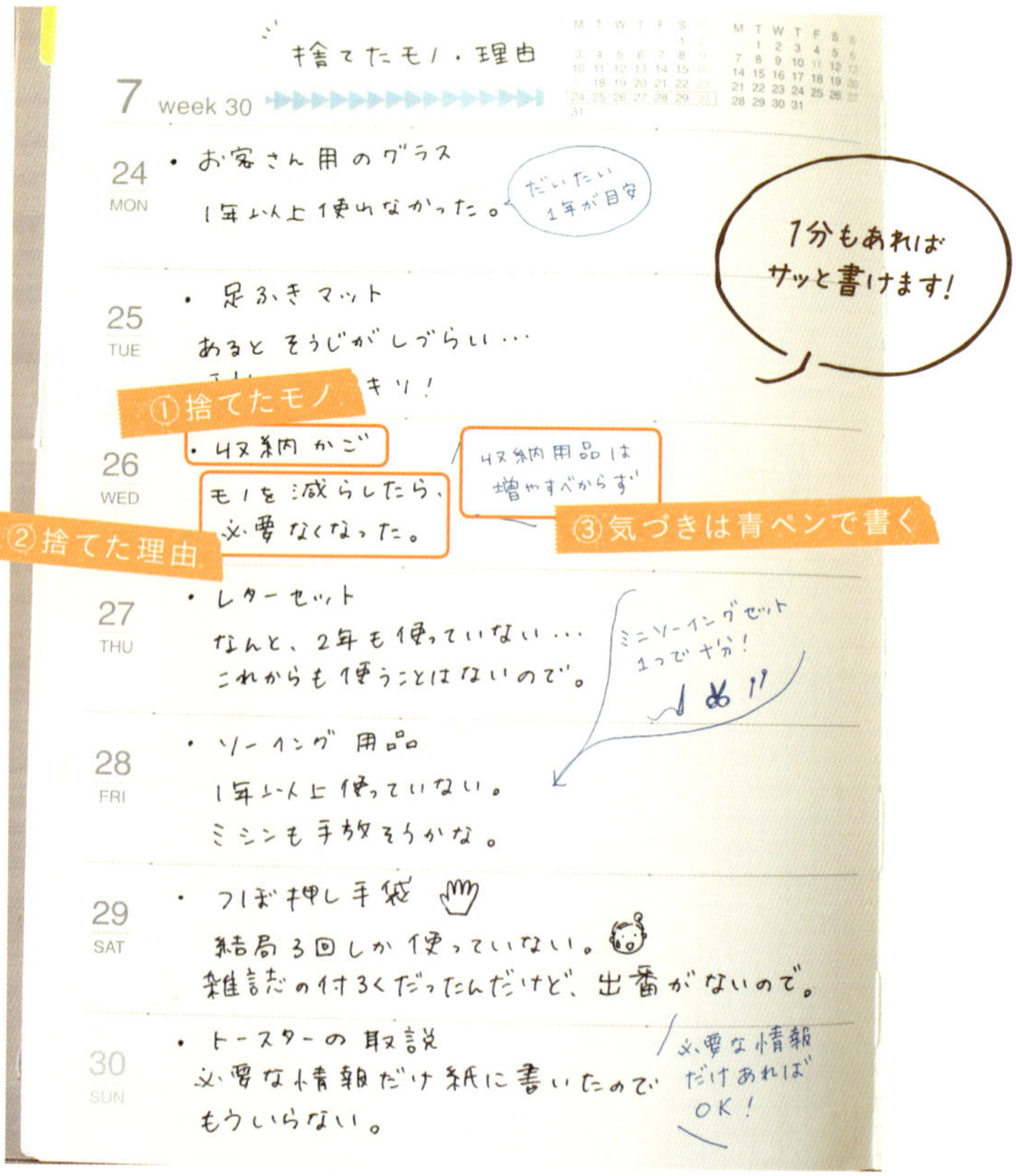

「なぜ捨てたの？」がわかればモノが増える理由が見える

手放したモノを書くときは、簡単に「どうして手放したのか」を書くようにしています。同じような理由が多ければ、それがあなたがモノを増やしやすい理由かも

捨てた理由が明確になると、
同じような失敗がなくなります！

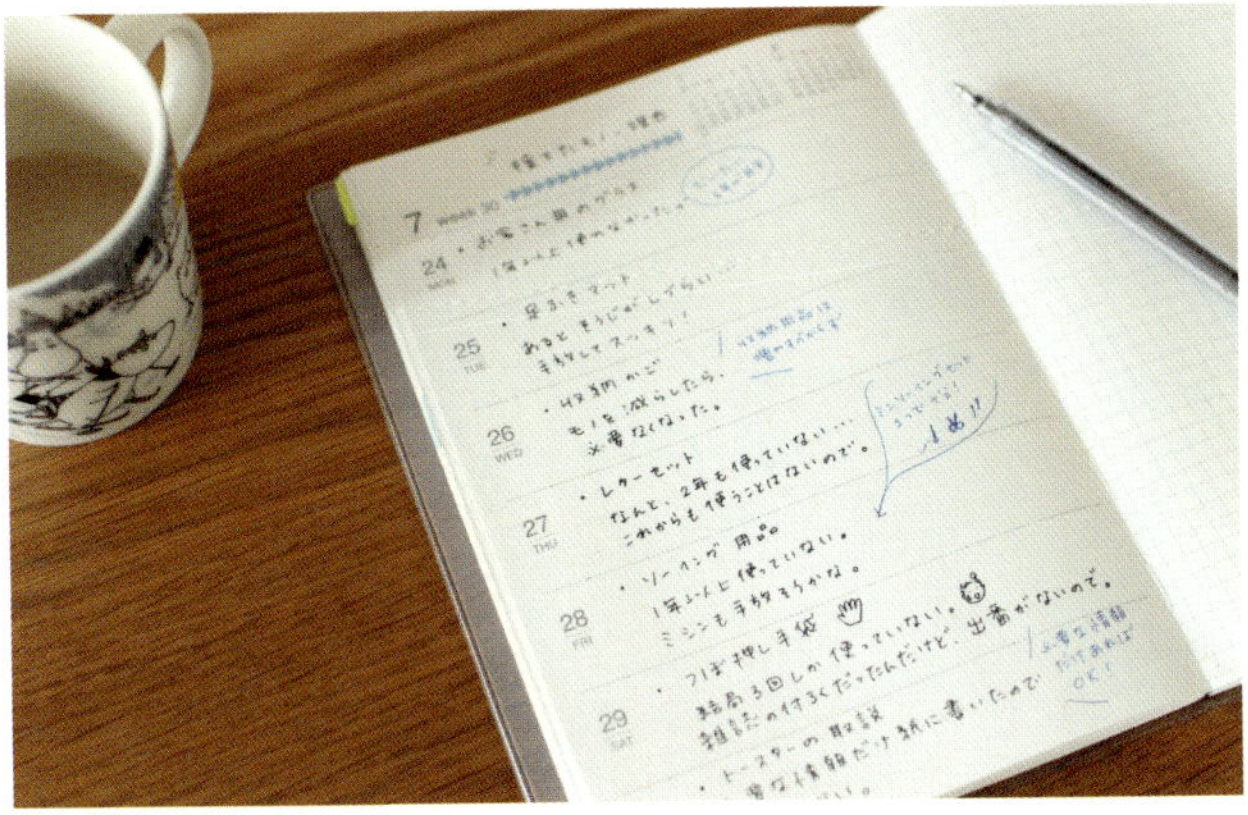

ただ捨てるのではなく
記録してみませんか？

慌てて購入したモノは結局手放すことになりやすい……
ということがわかりました

手放した理由が「同じようなモノが多かった」なら、「家にあるモノは買わない」。
「お友達と買ったけど使わなかった」なら、「人に合わせる自分を見直す」。

「1日1捨て」ノートをはじめてから慣れるまでは、手放した理由まで書くことにしていました。たとえば、雑貨なら「お友達と一緒に買ったけど、趣味とあわなかった」や、洋服なら「5ヶ月間も着ていなかった」など。

たとえば、ノートを見返したときに「友達と一緒に買ったけど、趣味があわなかった」モノが多いなら、「人に合わせて行動する自分を見直したほうがいいな」と気づけます。服を手放した理由が「同じような服が多い」だったら、「買う前に、クローゼットを見直そう」など、書いていくと、必ず新しい発見があります。手放した理由を書くことは、自分を見直すのに役立ちます。

種類が多いので
「数」で
手放しましょう!

台所のアイテムは「数だけ」書き出せば、ラクにどんどん片づく。

カトラリーやコップなど、キッチンには色々なものがあるなあとつくづく思います。特に私は自宅でお仕事をすることも多いので、ほっと一息つけるティータイムの時間をとても大切にしています。毎日使うモノだからこそ、余計なモノが増えていないか、しっかりチェックしておきたいと思いました。

　そこで、好きだからこそ増えやすいティーセットの数を書き出してみることに。トレーの枚数やティーカップの数などを確認してみました。そこでチェックして気づいたのは、「お茶の種類をたくさん持ち過ぎかも!?」ということ。

「数だけ」わかれば手放しやすい

意外とお茶がいっぱいありました！

お気に入りは何が、どれだけあるか？　を確認

数えてみたら、お茶やコーヒーはなんと10種類以上！　特に、ココアはたくさん買っても減りが遅いので、次からはコンパクトな少量のものに

たとえば
みしぇるさんの
ティーセット

数量チェックリスト

- □ トレーの枚数 ＿＿個
- □ ティーカップの数 ＿＿個
- □ コーヒー道具 ＿＿個
- □ コーヒー ＿＿個
- □ ティーポットの数 ＿＿個
- □ 紅茶 ＿＿個

よく見てみると、子どもがたまに飲むだけの「ココアだけはなかなか減らない」ことに気づきました。自分の持ち物の傾向に気づけば、余計なモノを増やさなくて済みます。次回からは、少量のモノを買おうと心に決めたのでした。

何から手放したらいいかわからない、と思ったら、まず同じ用途や柄の「多すぎる」モノと、壊れたりして「使えなくなった」モノを検討しましょう。キッチンならば、壊れたり、食べられなくなったりしたモノは、比較的手放しやすいですよね。ただ、この「多すぎる」モノを見つけ出すのは、少し上級者向けです。

そこでオススメしているのが、まず、総量が多いなと思った棚のものを、ノートに書き出していく方法。お皿なら、「大皿」、「中皿」、「魚皿」など、用途にあわせて書き出すのがコツです。同じ用途で使うのに、数が多すぎるなと感じたモノは、「半年以内に使ったか?」、「別のモノで代用できないか?」を考えると、要るか要らないかが、簡単にわかります。

特にキッチンのモノは、洋服などと違って、好みや、個人的な思い入れのあるモノが少なく、さくさく仕分けられるので、はじめての人にもオススメです。

2ステップでできる！ 手放すモノの見分け方

STEP:1　文字で食器棚の中を「見える化」

見ながら
中身を書き出して
みましょう

収納量が多いかも、と思った棚の中身を、用途ごとにひとつひとつ書き出してみましょう。文字だけでOKです！

↓

STEP:2　多いモノを見直す

本当に
お気に入りの
モノだけ残す

同じ用途で使っているものがたくさんあったら、家族の人数や使用頻度を考えて、要・不要を判断していってみましょう

洋服ノートは簡単イラストを添えればクローゼットがすっきり片づく。

我が家では、洋服もノートに書いて管理しています。クローゼットの扉を開かなくても、ノートを開くだけで、クローゼットの中身がすぐにわかります。

洋服は、ただ種類を書いて管理することもできますが、できれば簡単な洋服イラストを添えると、パッと見てどんな洋服なのかがすぐにわかります。手持ちの洋服がわかると、なんとなく洋服を買うことがなくなり、洋服選びの失敗もほとんど起こりません。

洋服ノートの作り方は、とても簡単。しまってある洋服をふせんに描いて、ノートのひと見開きに貼っていきます。準備はこれだけで完了。あとは、お買い物前や整理のときに見直して、「これはあまり着なかったな」という服を捨てて、ふせんを剥がす。新しい洋服を買ったら、ふせんを増やす。これだけです。

どんな洋服が欲しいのかを考えるときにも便利です。ボーダー柄のオーシバルのカットソーが好きで何度もリピート買いしているのですが、ノートを見ながらどんな服と組み合わせるかを考えるのも楽しい作業。

好みの服が客観的に見られるので、「なんだかトップスばかりで、ボトムスが少ないな」、「ボーダーばっかりだから、お仕事でも着られる白を増やそう」など、買い物の指針になります。

クローゼットの扉を開かなくても、ノートを開くだけで洋服すべてがすぐわかる！

便利な
無印良品のふせん

洋服を捨てたり、買い足したりするたび、いちいち書き直すのは面倒なので、服を買ったら無印良品のふせん（120ページ）にイラストを描き、捨てたら剥がします

文字でももちろんOKですが、オススメはイラストです！

簡単なイラストを添えれば、パッと見てどんな洋服だったかがわかります。
もちろん、色や柄を文字で書いて沿えておくだけでもOKです

捨てたり、
買い足したら
貼ります

お気に入りのオーシバルのカットソーは何度もリピート

洋服を手放したときはふせんを剥がし、新しい洋服を買ったら新しいふせんを付けていきます。買い物の傾向もわかって一石二鳥！

これが我が家のクローゼットの中身です！

実際にクローゼットを見て管理！

CHECK!

POINT 1 2

トップスとボトムスでふせんを分ければ更新も簡単

トップスとボトムスのふせんのコーナーを分けておけば、買い物のときにコーディネートまで考えられるので便利です

POINT 3

項目はチェックしたいモノに応じて張り替えて

「アウターは2枚だけしかない!」なんて場合は、わざわざ書かなくても大丈夫。知りたい洋服のコーナーだけでOKです

シールがあればもっと手軽に

洋服シールがあればもっと手軽にノートを作れます。minneで買える「ワードローブシール」（作:suzsiro）がオススメ

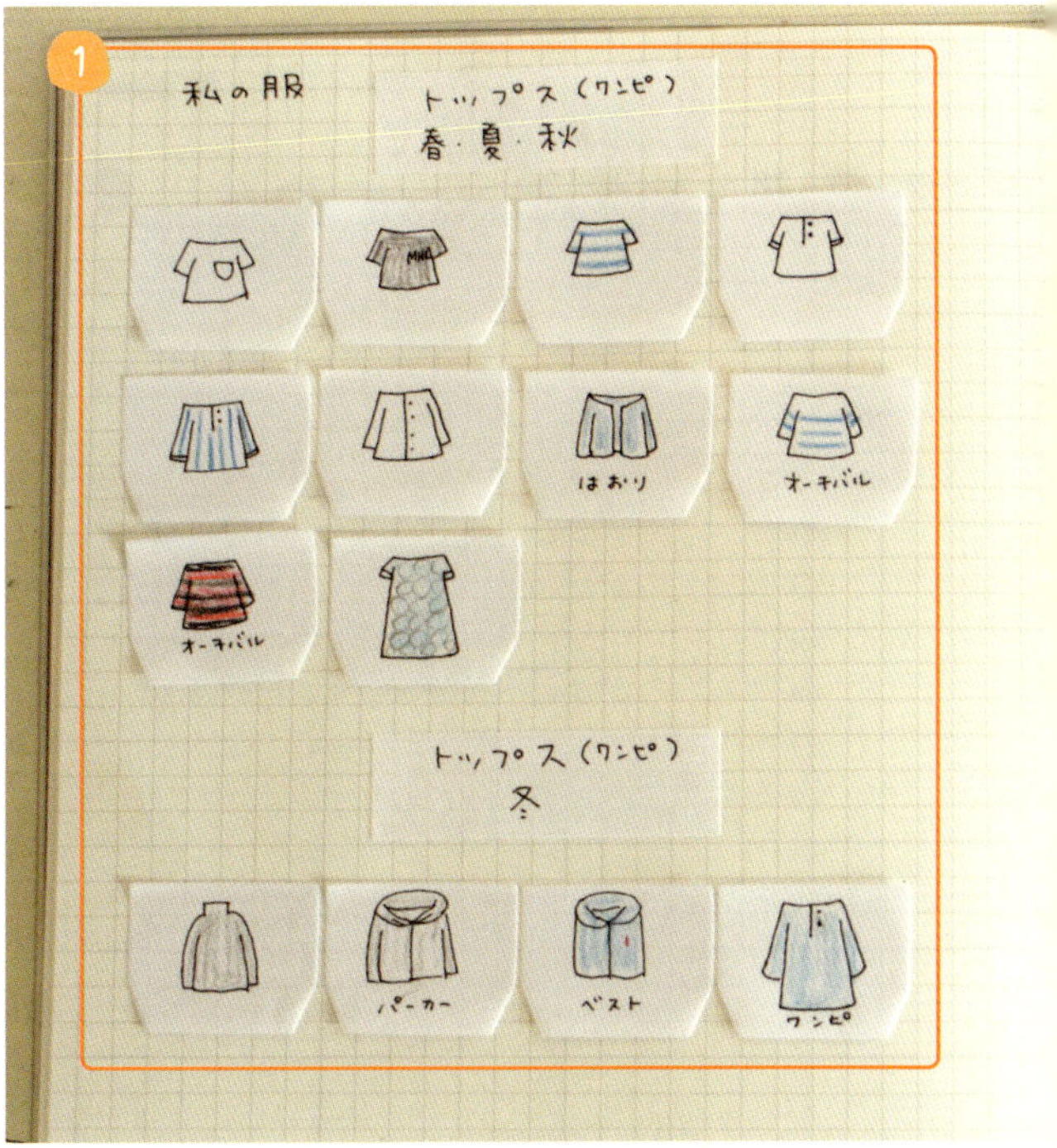

書くタイミングは衣替えのときがオススメ。トップス、ボトムスと用途にあわせてコーナーをつくり、服の特長がわかりやすいように色鉛筆で簡単に着色しました。私はボーダーが好きで、よくボーダーの服も欲しくなるのですが、ノートを見返すと「似たような服があった！」と気づき、衝動買いが抑えられました。色を付けておくだけで、新しい服を買うとき、「このボトムスと合わせたい！」など、組み合わせまで考えて買い物ができます。

買い忘れを防ぐ「欲しいものメモ」は衝動買いも防げます。

欲しいものがあったら、まずノートに書き出してみます。たとえば、「スマホのカバー」が欲しいときは、「色は白（シンプルな模様入りでもOK）」、「iPhone6対応」、「ナチュラルなウッド調」など、思いついたイメージをなるべく書き出しておきます。こうしておくことで、たくさんのモノのなかから、「これだ！」という愛用品に出会える確率がぐっと上がるのです。

　子どもが3人いるので、子どものモノを買う機会が多いのですが、そんなときは一緒にノートにどんなモノが欲しいか書き出して、アマゾンで探してみることが多いです。自宅にいなが

欲しいモノが明確になれば
書い忘れや衝動買いゼロに！

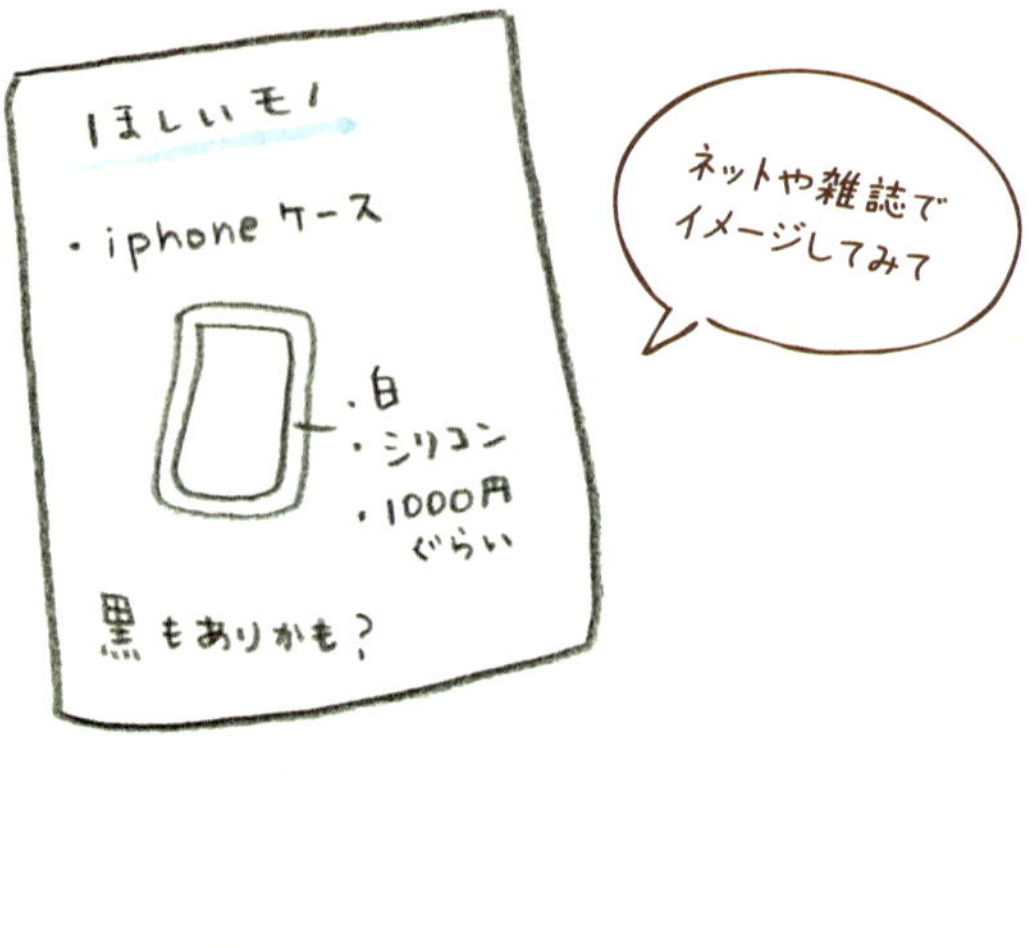

欲しいモノが思いついたらすぐにメモ！

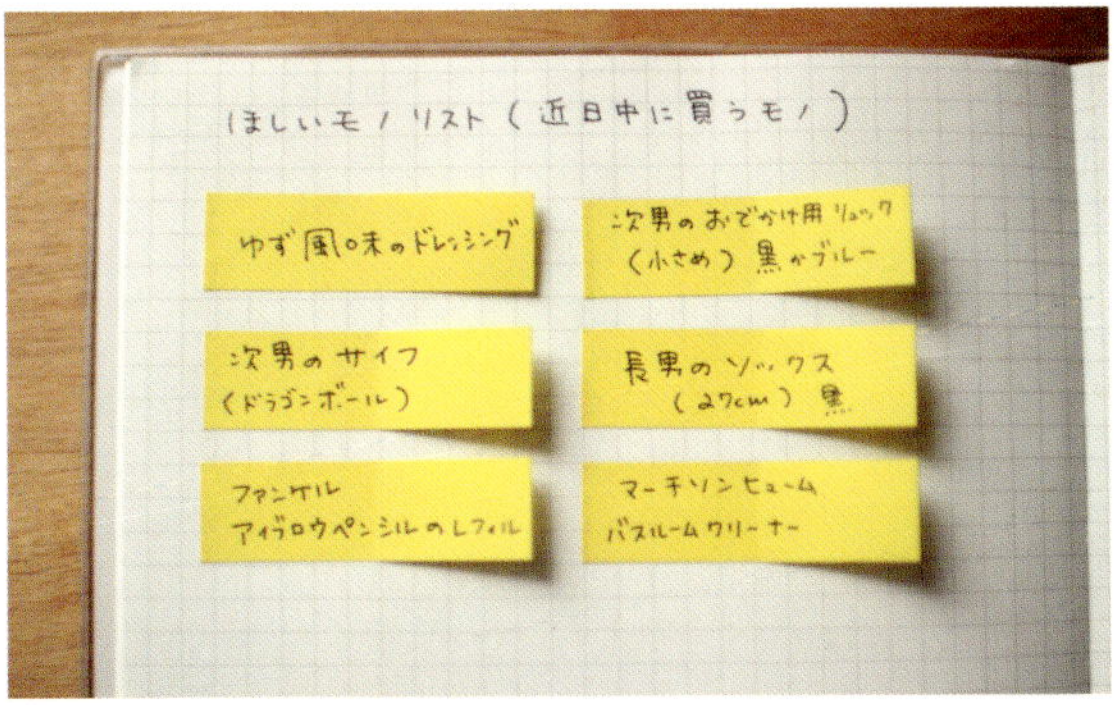

なるべく細かく書くのがコツ

ふせんなら、すぐメモできて便利です

子どもの買わなければいけないモノは、学校からのお便りが来たらふせんにメモしておくとすぐ書けて便利。まとめてノートに貼っておき、まとめて後で検討します

商品が多く、安いAmazonが便利です

どれが欲しいか、ネットでイメージを膨らませます

最近は子どもと一緒に、Amazonなどのネットショップで選ぶことも多くなりました。色やバリエーションも豊富なうえ、とてもお安い！　お気に入りも見つかりやすいです

ら子どもと一緒に欲しいモノが探のはやっぱり便利。クリスマスや誕生日は、子どもに欲しいモノをノートに書いてもらいます。こちらもプレゼントしやすく、子どもが「自分は何が欲しいか」を考える機会にもなります。

みしぇるさんが達人に教わりました!

柳沢小実さんに聞く
暮らしを整えるノート

素敵な暮らしぶりや、『大人のひとり暮らし』など著作が人気のエッセイスト・柳沢さん。多忙な日々を送りながらも、ゆとりを持って暮らす柳沢さんの手帳・ノートの秘密とは?

Profile

柳沢小実

1975年東京都生まれ。日本大学芸術学部写真学科卒業。エッセイスト、整理収納アドバイザー。読売新聞などでの連載、すっきり見える収納の提案、台湾の魅力を伝えるガイドブックの執筆、フェリシモでの商品開発など、多岐にわたって活躍中。

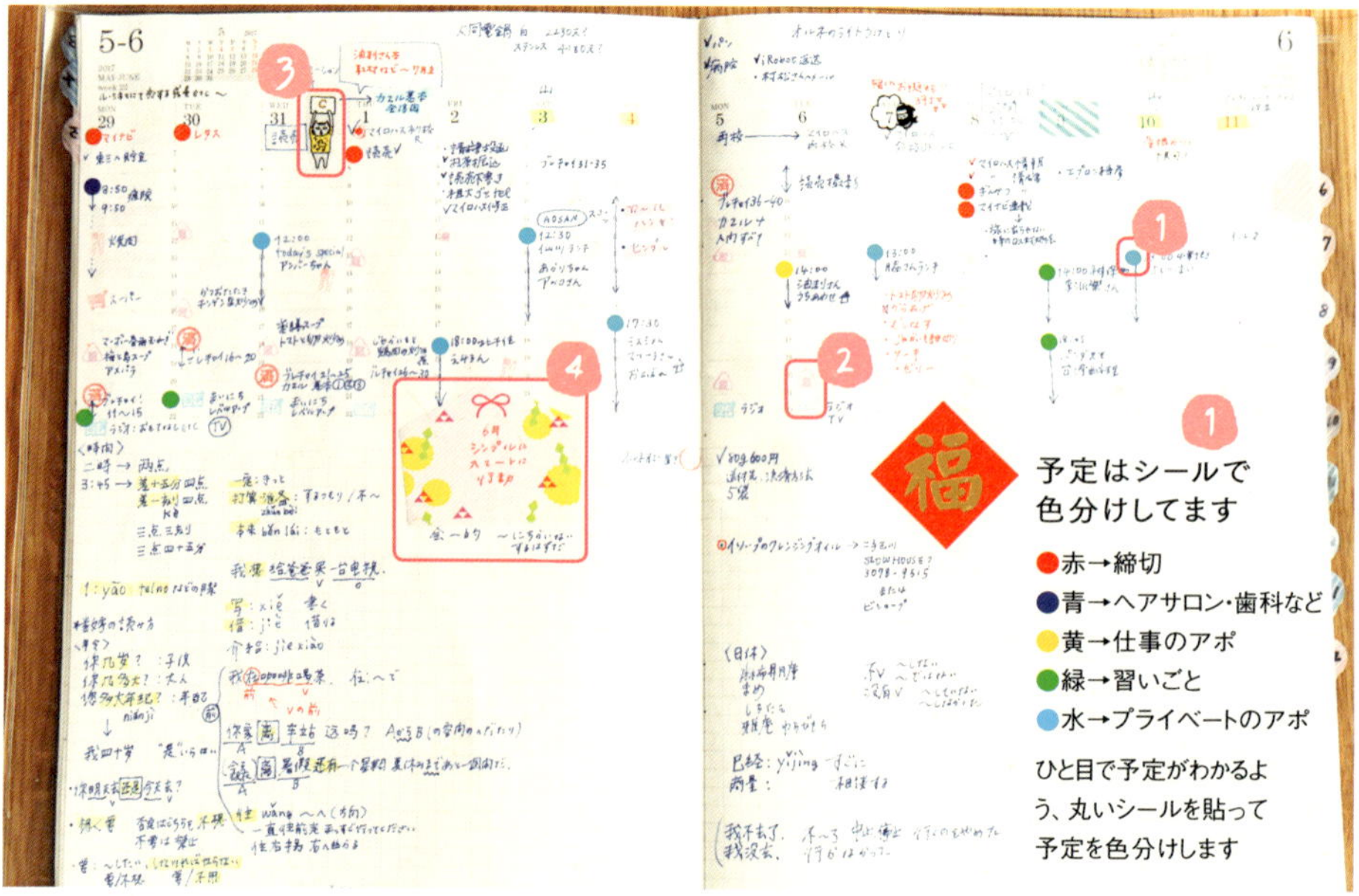
1 予定はシールで色分けしてます
赤→締切
青→ヘアサロン・歯科など
黄→仕事のアポ
緑→習いごと
水→プライベートのアポ
ひと目で予定がわかるよう、丸いシールを貼って予定を色分けします

4 **目標はふせんに貼る**

その月に心がけることは、目立つ位置にふせんを貼り意識して過ごします

3 **絵が下手でもOK! シールでかわいく**

特別な日は、お気に入りのシールでデコレーションして気分を上げます

2 **家ごはんの時は🍙 外食は🍴で記録**

外食と家ごはんのバランスを見て、家ごはんの献立を考えるそう

エッセイストとして活躍する柳沢さんは、なんと合計9種類（!）ものノートを使っています。予定を管理するスケジュール帳や、仕事道具であるお仕事ノートを筆頭に、クローゼットダイアリー（74ページ）や趣味ノート（75ページ）は、特に長く続いているそう。ほかにも、旅やお出かけの道中を記録する「旅ノート」、「山ノート」など、あらゆる情報が美しくノートにまとまっています。今回は、そんな楽しく、整ったノートの一部をじっくり見せていただきました。

1冊目　モノがひと目見てわかる クローゼットダイアリー

10年以上つけているクローゼットダイアリー。クローゼットの中身や、素敵だと思ったコーディネイト、欲しいモノを書き出しています

季節ごとに手持ちの服をチェック。衣替えのタイミングで書き出せば、ひと目でどんな服が、何着あるのかがすぐわかります

3 今期買い足した服はピンクのマーカー

買い足した服にはマーカーで印を。組み合わせを考えるのに便利です

2 よく着ている服は★マーク

よく着る服には「★」マークを着け、今後の買い物の参考にします

1 気になった服はスクラップ

雑誌などを見て、欲しいなと思った服やコーディネイトを貼ります

2冊目　やりたいことが見える 趣味ノート

料理や中国語など、多彩な趣味を持つ柳沢さんは、趣味用のスケジュールも。交流会や、勉強する本など、関連事項もこのノートに

1 その日の状況は ふきだしのふせんで

レッスンの進捗や感じた達成度などはふせんにメモして指針を記録

4 今月の目標は 欄外に書いておく

その月の目標は、一番目立つ左上にメモを貼ることで意識して

3 「曜日ごと」に組めば 忘れません

習いごとはまとめて同じ曜日に。他の予定との兼ね合いも組みやすい

2 関連したことも 書いておくこと

勉強会や関連した日々の出来事などをメモするとモチベーションアップ

2冊目になるクローゼットダイアリーは必携の1冊。クローゼットの整理にもひと役買ううえ、「手持ちの服がすぐわかって、実際によく着た服もすぐわかるんです」とのこと。洋服の買い物の指針にも役立ちます。

対して、趣味ノートはスケジュール管理の側面が強く、細かく習いごとの進度が書かれたページからは、ストイックな一面が顔を覗かせます。「興味のあることは積極的に。だから、こうやって記録しておくと成長に繋がるように思います」。

3・4冊目　思い出をコンパクトに旅ノート

山ノート

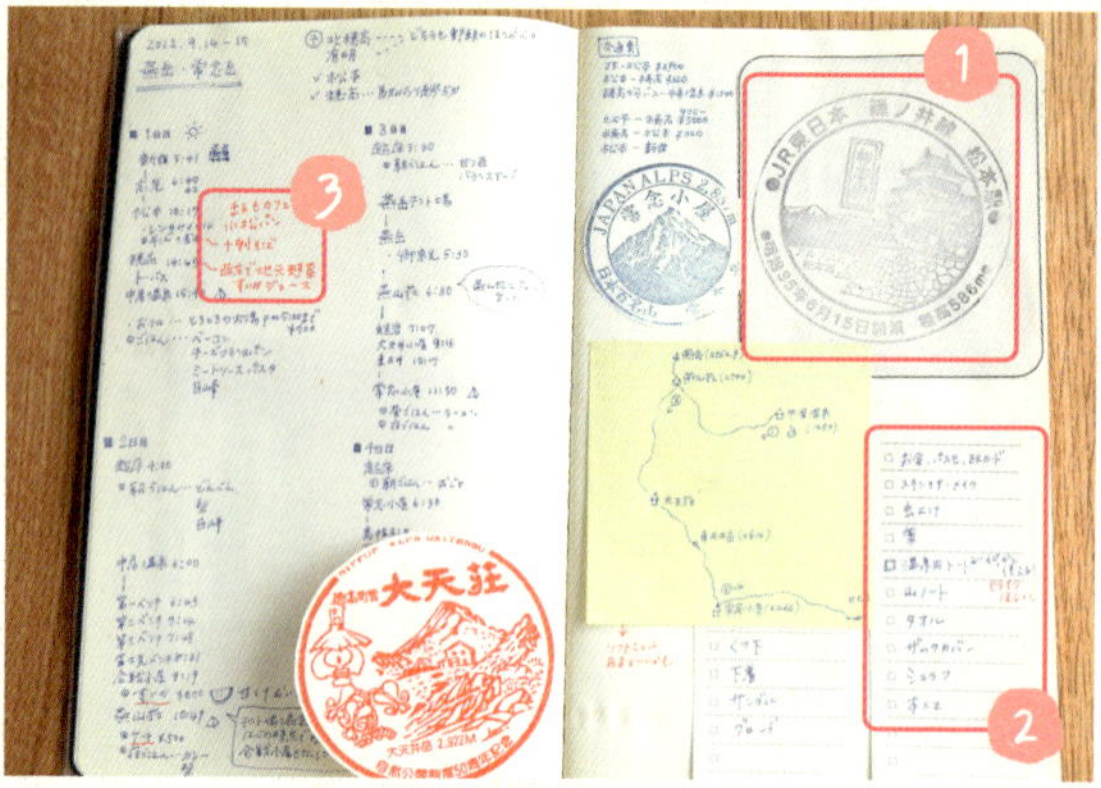

山登りが趣味という旦那さんとの登山の記録。行程を時間と共にメモしてあり、次の登山計画の目安になりそう

3 食べたモノは合間でちょこっとメモ

楽しみな山ごはんは、立ち寄ったお店も含めて、合間にメモしておく

2 持ち物はすべて前日にふせんで管理

登山に欠かせない道具は、前もってきちんと準備。忘れ物がないか確認

1 思い出に残る記念スタンプもぺた!

登山口や温泉で押せる記念スタンプもしっかり記録。見返すのも楽しい

旅行ノート

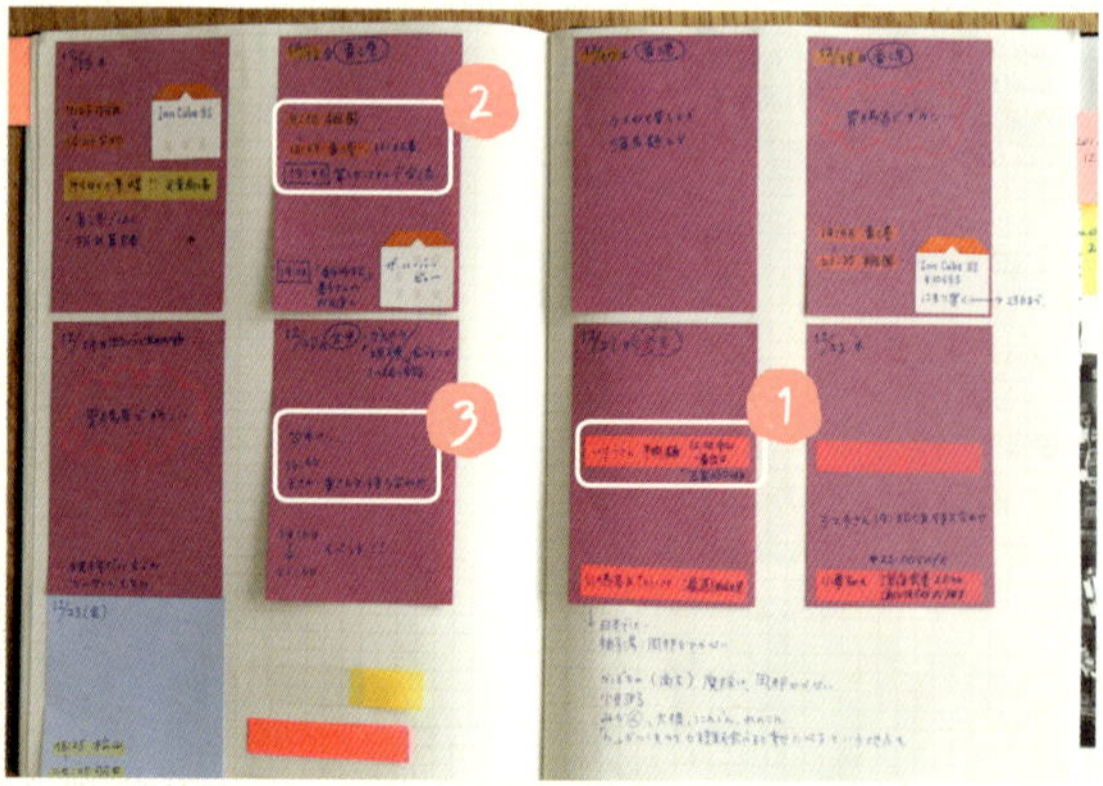

著作も出されている台湾など、旅行用の記録ノート。会いたい人や食べたモノ、使ったお金など臨場感たっぷり

3 人とのアポは必ず書いておいて

会いたい人に会うのも旅の目的。アポを中心に予定を組み立てる

2 移動は「時間まで」書く

バスや地下鉄など、意外とわかりづらい現地での移動時間も記録

1 食べたモノはマステにメモ

現地で食べたグルメはマステにメモして、次回の旅行や土産話の種に

【柳沢さん流ノートのルール】

Rule 1

覚えていることが少ないから、身軽に暮らせる。

忙しい毎日だからこそ、ノートを記憶の媒体代わりに。「忘れたくない予定」や「記録して覚えておきたいこと」を記録しておけるから、身軽に動けるんです。

Rule 2

記録は、ちょっとメモする気持ちで小まめに書く。

覚えておきたいことは、都度小まめに書いておけば書き漏れもありません。旅行中の日記や食べもの日記も、メモするような気軽な気持ちで記録します。

Rule 3

絵が下手でもOK！シールでモチベーションアップ

絵を描くのが苦手という柳沢さんは、上手にシールを使って素敵な手帳に仕上げていました。お気に入りのシールやスタンプで手帳・ノートをアレンジして。

柳沢さんのおすすめ文房具

ふせんはグリーティングライフの「CUSTOM STICK」シリーズ、ミドリの「Writing Marker」シリーズを愛用

「フリクションスタンプ」は失敗しても消せるので愛用。外食マークなど手帳で使いやすい絵柄が揃っています

旅へ出かけたときは、現地での出来事をノートに記録します。出来事に添えてある時間などは、「移動中や、ご飯の後など、ちょっとした休憩でメモしています」と教えてくれました。旅の思い出などは、いざまとめて書こうとすると忘れてしまいがち。都度、メモするのが柳沢さん流のようです。たくさんのノートを持ちながらも、すべてを上手に運営するコツは、そうやって小まめに書き込むこと。「覚えることは、すべてノートに。頭のストレージ代わりとして使っています（笑）」。

dream

chapter 3

毎日がもっと楽しくなる夢を叶えるノート

自分の好きなこと、
おいしくできた料理の記録、
嬉しかった出来事……。
日々の小さなワクワクをつづることで、
毎日が楽しくなり、夢もどんどん叶います。

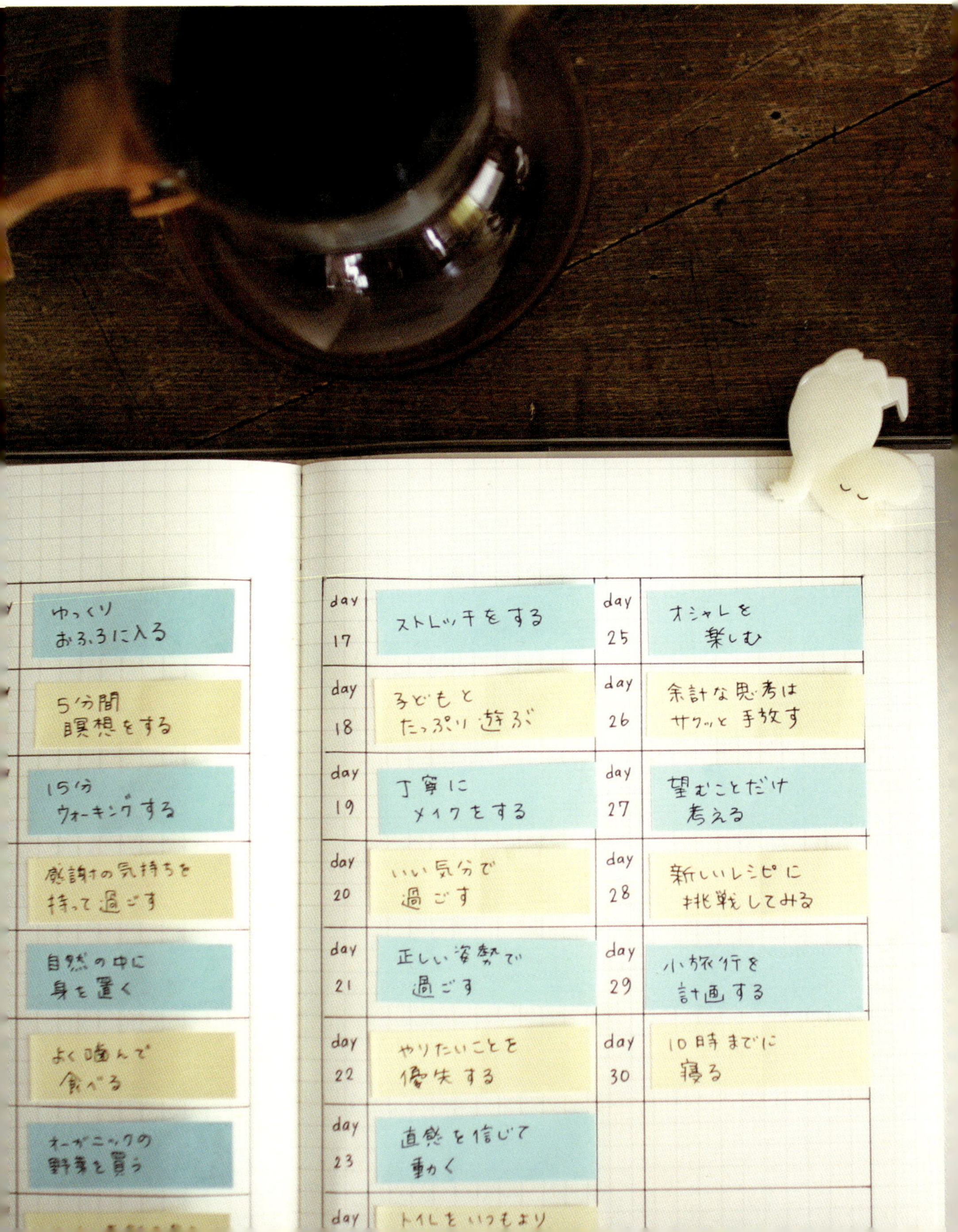
ゆっくり
おふろに入る
5分間
瞑想をする
15分
ウォーキングする
感謝の気持ちを
持って過ごす
自然の中に
身を置く
よく噛んで
食べる
オーガニックの
野菜を買う
day 17
ストレッチをする
day 18
子どもと
たっぷり遊ぶ
day 19
丁寧に
メイクをする
day 20
いい気分で
過ごす
day 21
正しい姿勢で
過ごす
day 22
やりたいことを
優先する
day 23
直感を信じて
動く
day
トイレをいつもより
day 25
オシャレを
楽しむ
day 26
余計な思考は
サクッと手放す
day 27
望むことだけ
考える
day 28
新しいレシピに
挑戦してみる
day 29
小旅行を
計画する
day 30
10時までに
寝る

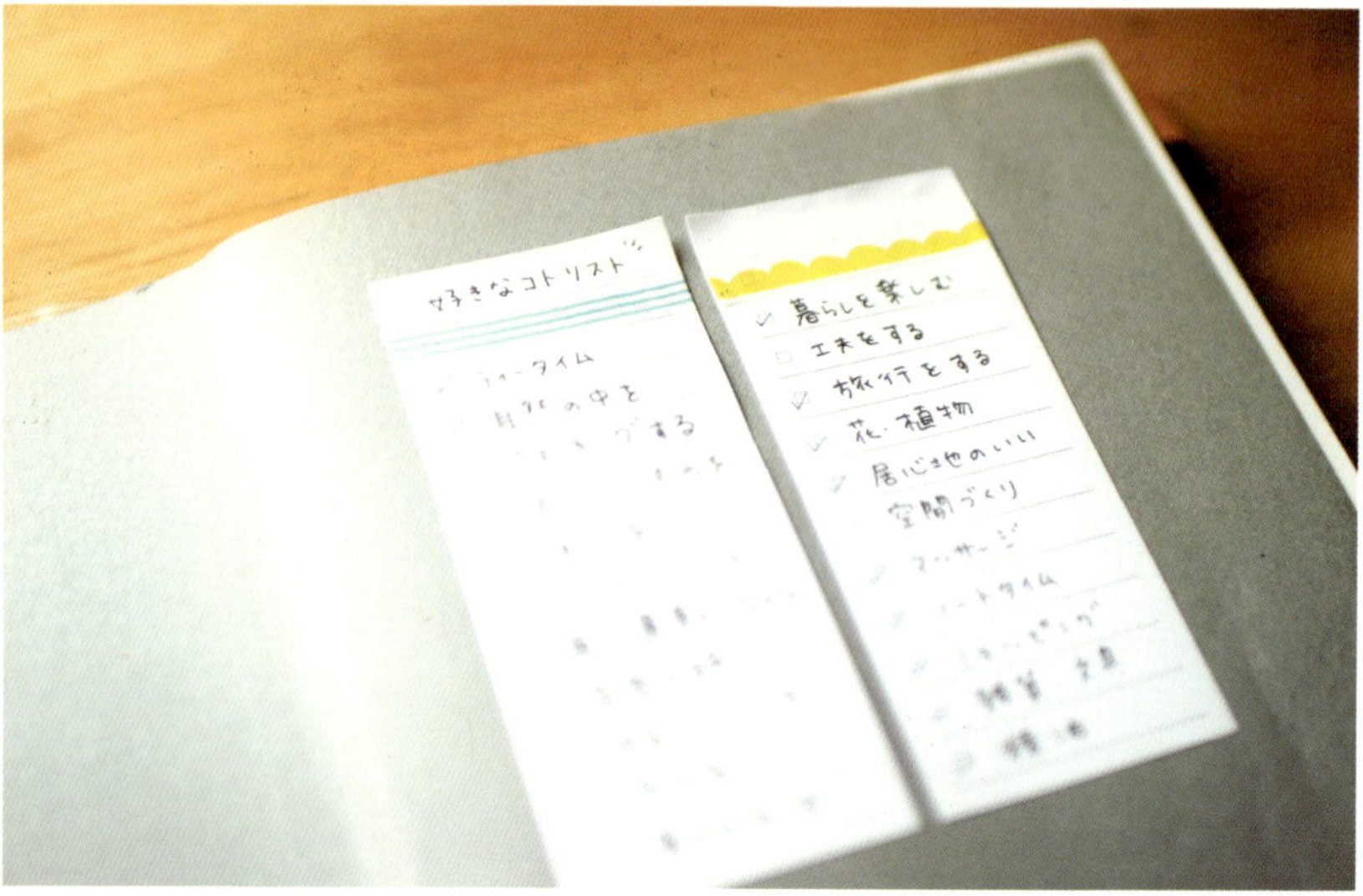

マイノートのはじめに、自分のコトを知る「好きなことリスト」をつくろう。

ノート（手帳）の最初のページには、「好きなことリスト」を書いたふせんを貼っています。いつも、自分が本当に好きなことを知り、時折、それを確認するようにしています。好きなことは、人生の軸であり、私そのものだから。

「他人がいいというから、なんとなく」、「退屈しのぎに」、「今流行っているからやっている」ということって、結構多いような気がします。それはそれでいいと思うのですが、やっぱり自分が本当に好きと感じるコト・モノを知り、そこに意識をむけたいなと思います。そうすることで、好きなことに関する様々な情報をキャッチしやすくなります。

私はウォーキングが好きなのですが、忙しいとついつい後回しになりがち。でも、ノートのはじめに書いてあるのを見て、「そういえば私、ウォーキングが好きだった！」とハッとすることがあります。楽しく歩いている時間を思い出しているうち、不思議といいアイディアが沸いてきます。バタバタしていても、「そういえば、毎日の子どもをお迎えに行く前ならできるかも？」、「買い物帰りは少し遠回りして、あの公園を歩いてみよう」。ノートを開くたび、そんな発想がどんどん沸いてくるようになるから不思議です。

「好きなことリスト」は、書くことで自然と好きなことに意識を向け、自分の軸を支えてくれる効果があります。好きなことをしっかり見たり、感じたり、味わったりする。そんなアンテナを高く張り巡らせるようになります。

自分の「好き」に
敏感になろう！

直感を見逃さない。日々のひらめきを実現させる、スケジュール帳の使い方。

スケジュール帳の空いた欄は、日々のひらめきを記録しています。「今月は、どこどこに行きたい」、「こんなモノが欲しい」と思いついたら、気づいたことを書き出しておきます。

1ヶ月の間、ノートを開くタイミングで見返して、行きたい場所や会いたい人にはなるべく赴くようにしています。でも、ときには、時間が足りないこともあります。

そんなときは、まだ実現していない日々のアイディアをふせんに転記して、一番後ろのフリースペースにまとめて貼っておきます。書いておくことで、不思議なことに確実

3日後に「耳がかぶれないピアス」を発見!
インスピレーション
耳がかぶれないピアスは?
ラクに持ち歩けるカメラは?
自分に似合うヘアスタイルは?

思わぬアイディアが降りてくる。ひらめきは、定期的に見返して

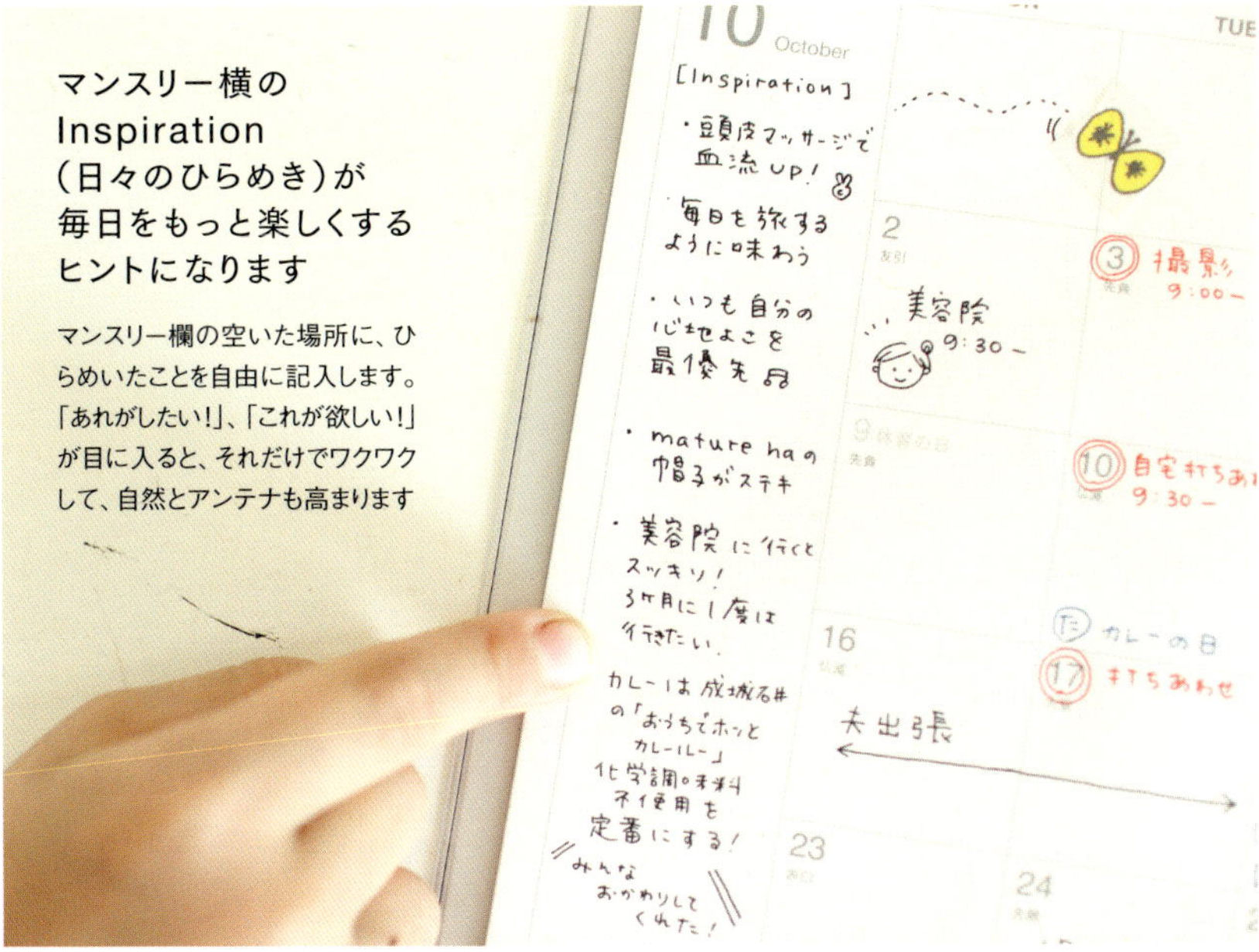

マンスリー横のInspiration（日々のひらめき）が毎日をもっと楽しくするヒントになります

マンスリー欄の空いた場所に、ひらめいたことを自由に記入します。「あれがしたい!」、「これが欲しい!」が目に入ると、それだけでワクワクして、自然とアンテナも高まります

に情報が飛び込んできます。

つい先日は、「耳がかぶれないピアスがほしい！」と思っていたら、３日後、ネットでぴったりなピアスに遭遇！　それは医療用のサージカルステンレスを使用したピアスでした。そんなピアスがあるとは！

ふせんに書いていなかったら、この出会いも見逃していたかもしれないと思っています。ノートを見返すことで、無意識にアンテナを高くできたのだと思います。ピアスは今もお気に入りで、よく着けています。

理想の自分に近づく。たった1ヶ月で、なりたい自分になる方法。

なりたい自分になるために、1日ひとつだけ、目標を決めて過ごしてみる「30daysチャレンジ」に挑戦しています。やりかたは、とても簡単。30日間でやりたいことを30個書き出し、1日にひとつずつ、実践してみるだけ。書くことは、なるべく5分、長くても15分以内くらいで完了することがポイントです。たとえば、「夜10時までに寝る」、「花を生ける」、「お風呂上がりにストレッチをする」など。簡単なことでいいので、少しずつ理想の毎日を味わってみてください。

やってみて感じたのは、すごく些細なことでも、ふせんを剥がすときにはものすごく達成感があること！ ズボラな私でも、これが楽しくて続けられています。1日にたったひとつ、自分のイメージ通りになることがあるだけで、「今日はとても素敵な1日だった」と思えるのに驚かされました。ただし、続けるコツは1日に「必ずひとつだけ」。欲張って、いくつもやろうとしなくても大丈夫です。

また、ふせんに書くことで自由に日付を動かせるので、天気や体調にあわせて、できそうなことからはじめられます。もし達成できなかったり、「もっとやりたい」と思ったりしたら、ふせんを残して、同じチャレンジをリピートできるのも気に入っています。

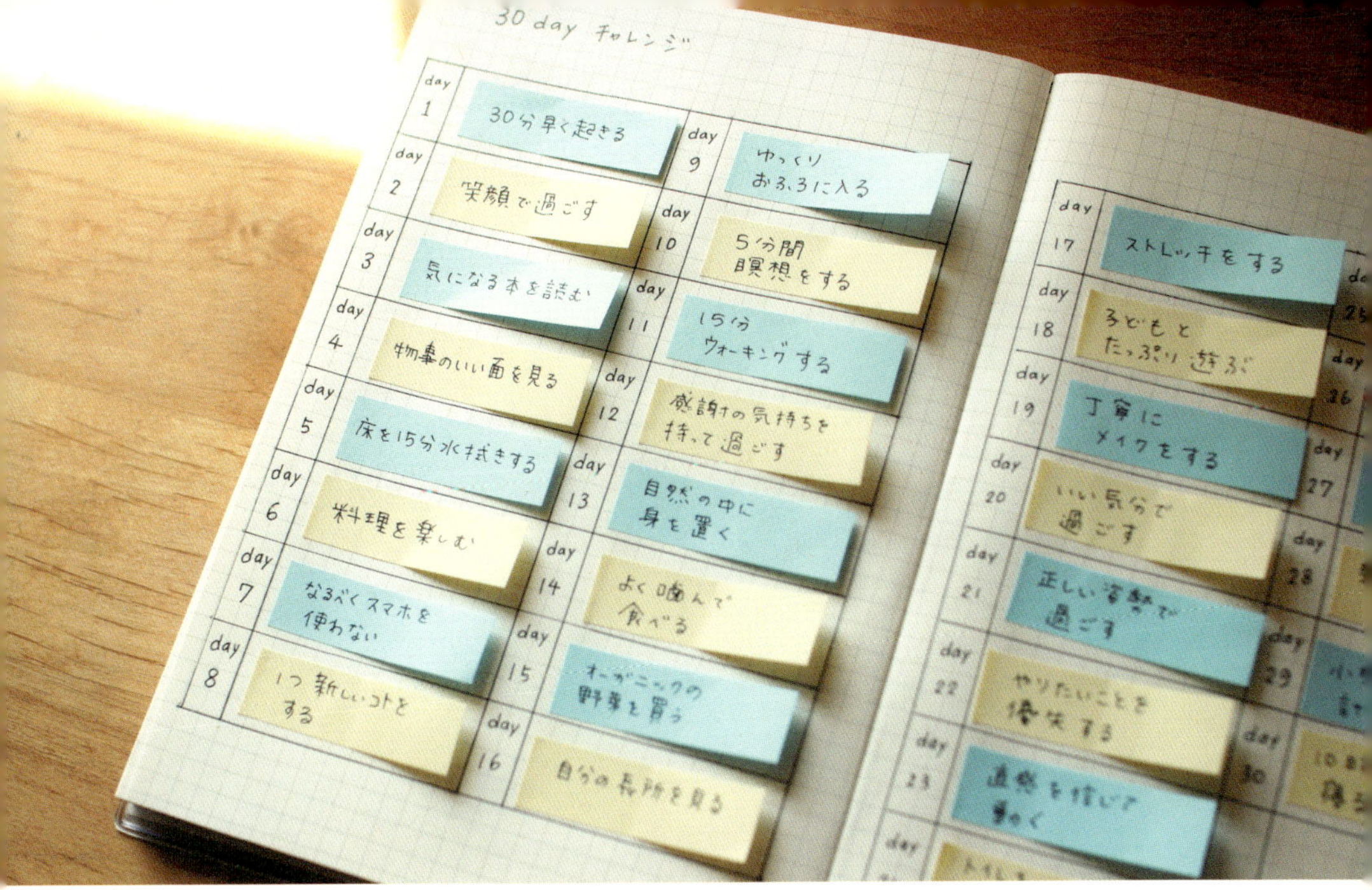

30daysチャレンジのポイント3つ

Point 1

ワクワクすることだけ、書く。

ふせんには、「やらなきゃ」というToDoではなく、自分が「楽しそうだな」と思うことだけを書き出してましょう。本当はどんなふうに毎日を過ごしたいかが見えてきます。

Point 2

5分以内で、できることを書く。

なるべく5分以内で完結することにしてみましょう。長い時間が必要なものより、気が向いたときにパッとやれることが向きます。

Point 3

やるのは、1日ひとつだけ。ハードルは低く。

1日にいくつもやろうとすると、息切れしてしまうので、無理なく楽しくやれることをやってみましょう。日付けの順番が変わってもOKです。

何を書いていいか
わからない人のための

30days チャレンジリスト

30days チャレンジで実践してみた、ワクワクすることリストを集めました！
ぜひあなたのチャレンジリスト作りにお役立てください。

CHECK!

- ☐ 紅茶をていねいに煎れる
- ☐ 自分のために花束を買う
- ☐ トイレをいつもより丁寧に掃除する
- ☐ いつもは付けないアクセサリーを使う
- ☐ 気になる友人に電話をする
- ☐ 手と爪をスペシャルケアしてみる
- ☐ 小旅行を計画する
- ☐ 10時までに寝る
- ☐ 5分間、瞑想をする
- ☐ 近所をウォーキング
- ☐ 「ありがとう」をなるべく口に出してみる
- ☐ 自然のなかに身を置く
- ☐ よく噛んで食べる

- [ ] オーガニックの野菜を買う
- [ ] 自分の長所を5つ見つける
- [ ] お風呂上りにストレッチをする
- [ ] 30分早く起きる
- [ ] いつもより丁寧にメイクをする
- [ ] 気になっていた本を読む
- [ ] 欲しかった文具をひとつだけ買う
- [ ] 新しいレシピに挑戦してみる
- [ ] 1日、なるべくスマホを使わない
- [ ] 正しい姿勢で過ごす
- [ ] ゆっくりお風呂に入る

「30個も何を書いていいかわからない！」という人のために、私が実際に書いたなかから、いくつかサンプルを用意しました。簡単にできて、道具や長い時間が必要ないことばかり。そんな些細なことこそ、30daysチャレンジに向いています。何より、あなたが「これができたらワクワクする！」と思えることがポイントです。

夜の時間を充実させる。ゆっくり、ライフログで今日1日を味わい、愛でる。

紅茶を飲みながら

1日の終わりには、今日あったよかったことを思い出しながら、日記を付けてみましょう。シンプルなイラストを添えると、1日をゆっくりと味わい、愛でることができます。

私は色鉛筆で、美味しかったものや楽しかったことを記録するのが好き。はじめに日付を書いておけば、後で見返す楽しみも増えます。

ノート（手帳）は朝一番のほか、夕食の支度をしているときに開くことも多く、私の場合、日記を付けるタイミングはバラバラ。休日の夜や、金曜日の夜がゆっくりできておすすめです。

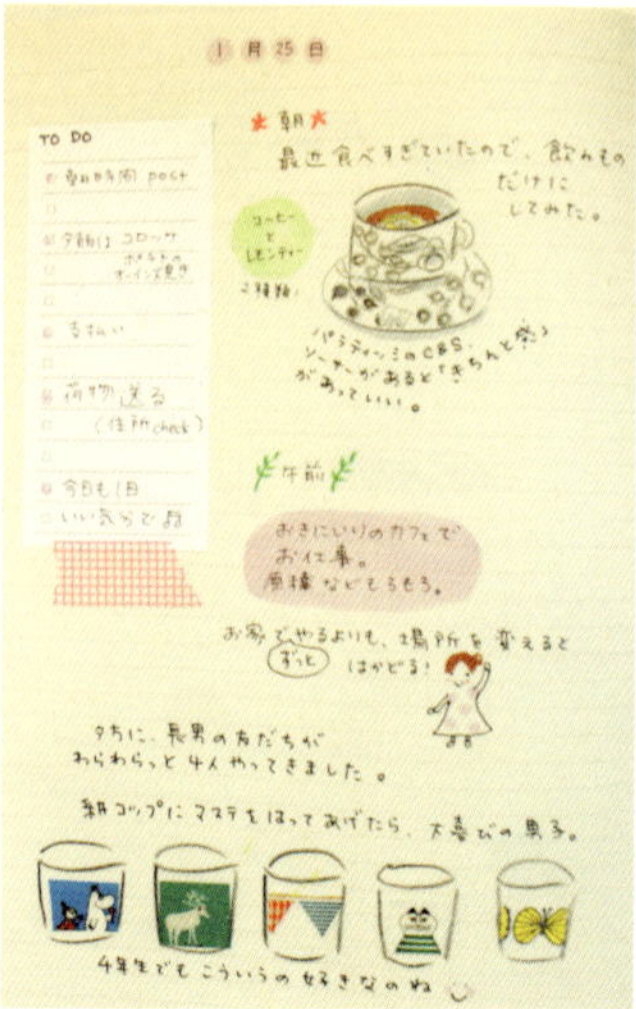

POINT 1

「可愛い」「きれい」はイラストにして残そう

簡単なものでいいので、印象深かったコトやモノをイラストにすると思い出しやすくなります。余白やスクラップ用に、マステを使うことも

心地良い気持ちに浸りながら、
どんな1日だったか思い返しながら書く

美味しかった、楽しかったを記録に残してみましょう

イラストを添えるのも楽しいですが、忙しい日や、絵を書くのが苦手な人は、もちろん文字だけでもOK。スマホの写真とは、また違った味わいがあるんです

POINT 2
「やったこと」は具体的に

一部だけを見ると「この日って何したんだっけ？」とパッと思い出せないことが多いので、その日、何があったかをメモ書きしておくと◎

POINT 3
着色は色鉛筆がにじまず手軽

愛用しているのは無印良品の色鉛筆（120ページ）。さっと色を付けるだけで、格段に華やかな印象になります

POINT 4
ライフログは「感想」まで書く！

あった出来事だけでなく、「うれしかった」、「びっくりした」など「どんなことを思ったか」まで書くと深みが出ます。

休日の朝や、金曜日の夜など気持ちに余裕があるときに

忙しい日は文字だけで書いてもOKです！

絵が苦手な人や忙しい人は、文字だけでもログを付けてみて。今日1日は二度と来ない1日。見返すと必ずいとおしくなるものです

ちょっとした料理の合間に付けることもありますし、ティータイムにささっと走り書きすることもあります。いずれにせよ、楽しかったことを想いながら、「今日は素敵なことが起こったな」と考える時間は、私にとって大切なひととき。手に入ったモノを眺めながら、イラストを描いてみたり、今日会った人のことを考えたり……。

　イラストに色を付けるのには、無印良品の色鉛筆（１２２ページ）を愛用しています。紙ににじまず、対面のページに色がつかないので、文字のデコレーションをはじめ記録用にはうってつけ。また、ＴｏＤｏリストは必ずふせんに書くのがルールです。日中に見返すときはさっと目に入り、一時的に必要だった情報はそのまま捨てられるので、ログだけがノートにきれいに残ります。

“描くルール”を決めれば、書くことに迷いません

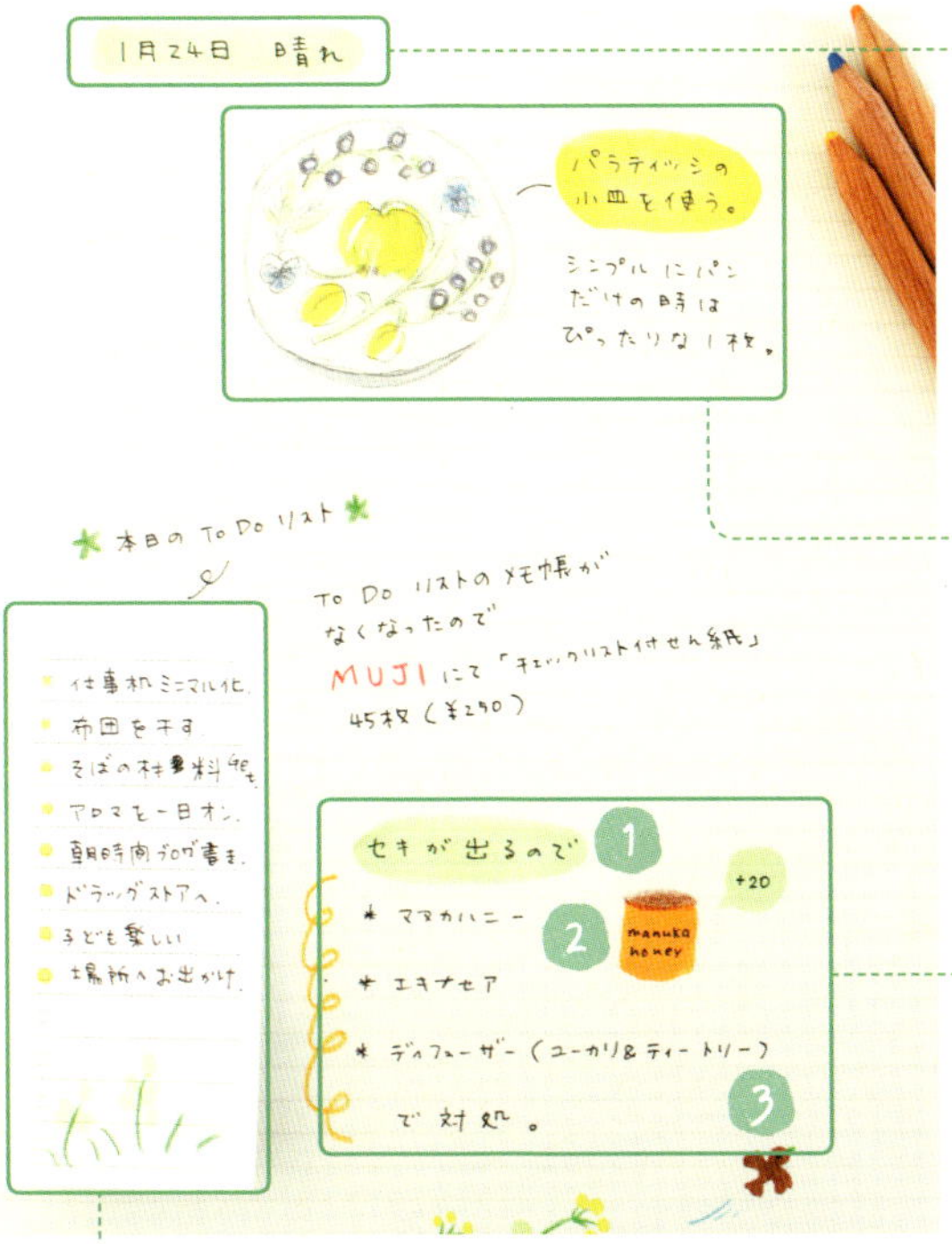

日付けがあれば見返して日記がわりにも

朝1番にノートを書くときは、日付けを書いておけば後から見返しても見やすいです。これがそのまま日記代わりにもなります

ひと目で“やりたいこと”がわかるように描きましょう

イラストと組み合わせて、「こんなことがしたい」まで書くと、「このときって自分はこう思っていたんだ!」とわかります

ToDoは「やる順」に書き出せばスムーズ

やりたいことを整理するときは、「やる順番」に書き出していけば混乱しません。たとえば、買い物なら売り場順など

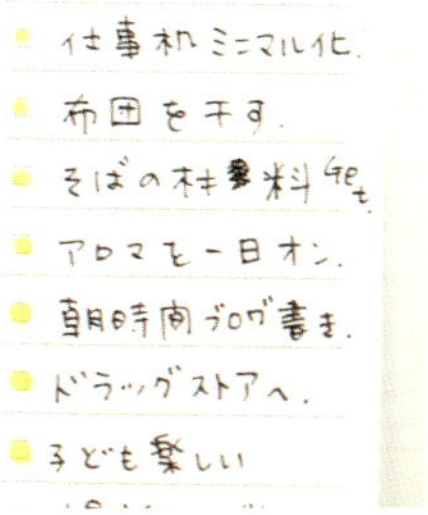

いつでも見返せるようにToDoリストだけはふせんがオススメです

残さなくてもよい、一時的なメモの代わりを果たすToDoリストだけは、終わったらそのまま捨てられるふせんに書くのがオススメ

自然に前向き思考になる！
いいことだけを記録する、
「2行日記」でよい締めくくりを。

スケジュール帳のウィークリー欄に2行だけの「2行日記」を書いています。面倒くさがりな私でも続いているのは、この2行だけというのがポイントかもしれません。「空がきれいだった」、「いつもより早起きできた」など、ほんの些細なことでも大丈夫。その日にあった「いいこと」に焦点を当てて書き続けることで、いいことに目を向ける習慣ができます。

じつは先日、長女が運動会の徒競走でビリになってしまいました。徒競走を楽しみにしていた長女はすっかり落ち込んでしまいました。昔の私なら、「もっと練習すれば勝てたのに」と、負けたことに焦点を当てていたかもしれません。でも、いいことを見つける習慣で、「学年の踊り、とてもよかったね！」と、よくできたことだけを褒めてあげたら、長女の顔がぱっと明るくなりました。長女が家でたくさん練習して、踊りきったのを近くで見ていた私まで、嬉しくなりました。

「2行日記」をはじめてからは、家族との関係もいい方向に変わりました。夫の帰りが遅くなった日は愚痴をこぼしたくなることも多かったのですが、今では「一生懸命、仕事をしてくれている」、「休日は子どもたちを公園に連れて行ってくれるな」と、前向きにいい面を見られるようになりました。

家族や人を慈しむようになれたのは、この「2行日記」のおかげだと思います。

2行だけ、がポイント。幸せはいつもすぐそばにあった、と気がつきます

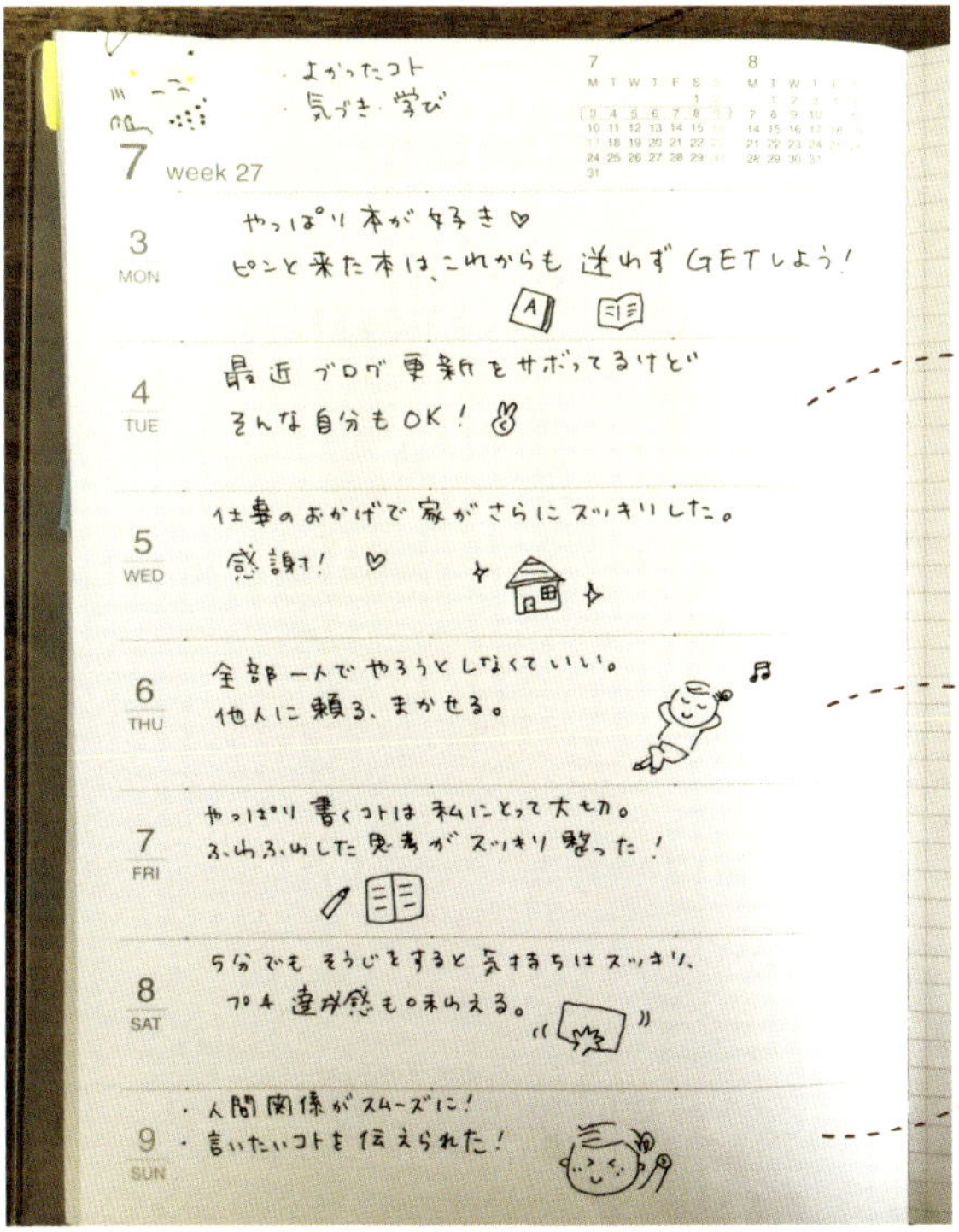

自分に優しく

今日の学び

プラスの面にフォーカスして

ちいさなイラストを添えても楽しい

「ランチが美味しかった」、「花がきれい」だけでもOK！　日々のちょっとしたいいことに焦点を当てるのがポイント

スケジュール帳のウィークリーの欄に書いても◎

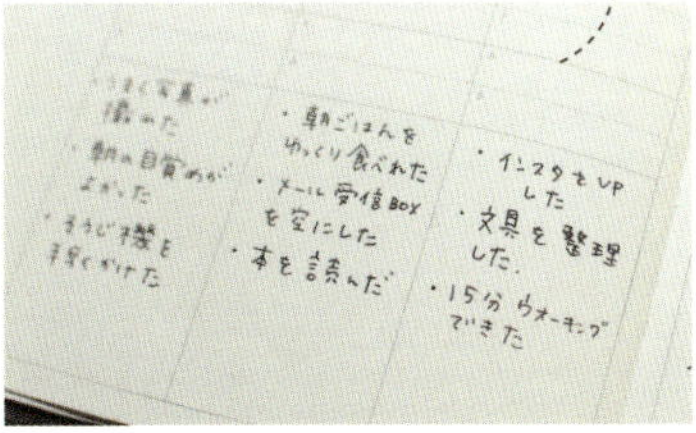

どんどん夢が叶う！ 願いごとノートを作ってみよう。

やりたいことや叶えたい夢を書いた、願いごとノートを作っています。「願いを書くと叶う」とはよく言われることですが、書くことで自分の望みに焦点を当てて、それを意識していくことで、望んだ未来に近づいていけると実感しています。はじめての著作を出版したときも、「本を出版することができました！」と書き、ちょうど3週間後に書籍の出版が決まりました。色々なご縁があってのことですが、念願が叶い、とても嬉しかったのを覚えています。

他にも、ハワイに住む夢が叶ったり、行きたかったテーマパークに立て続けに行く機会に恵まれたり……。

頭で思い描いていたことが叶うのもうれしいけれど、書くことで「それを願った」という証拠があると、叶ったときの喜びは倍増するような気がします。月に一度、新月の日に願いを書く「新月ノート」もあり、楽しみながら未来予想図を描いています。

2冊の願いごとノートを使い分けています

2冊とも無印良品のA5ノートを愛用。カバンにしのばせて持ち歩くことも

3ステップでできる！ 願いごとノートの書き方

Step 1

願いごとをひとつ書く。

願いごとを「○○できました！」と完了系で書いてみましょう。願いごとが叶ったらこんなふうに感じるだろうなという感想も一緒に書きましょう。

Step 2

願いごとをふくらませる。

Step1の願いごとの下に、願いごとを膨らませてみて。たとえば「猫を飼いたい」なら「どんな猫を飼いたいか?」まで想像したり、叶ったときの「毎日幸せ」など嬉しい気持ちも書き添えて。

Step 3

イメージに近いイラストを描いたり、写真をスクラップしたりする。

願いごとをより具体的にするために、「こうなったらいいな」というイラストを描いたり、イメージに近い写真を貼ったりして。これで完成！

＼たとえば……／

「猫を飼いたい！」という願いをノートに書くと……

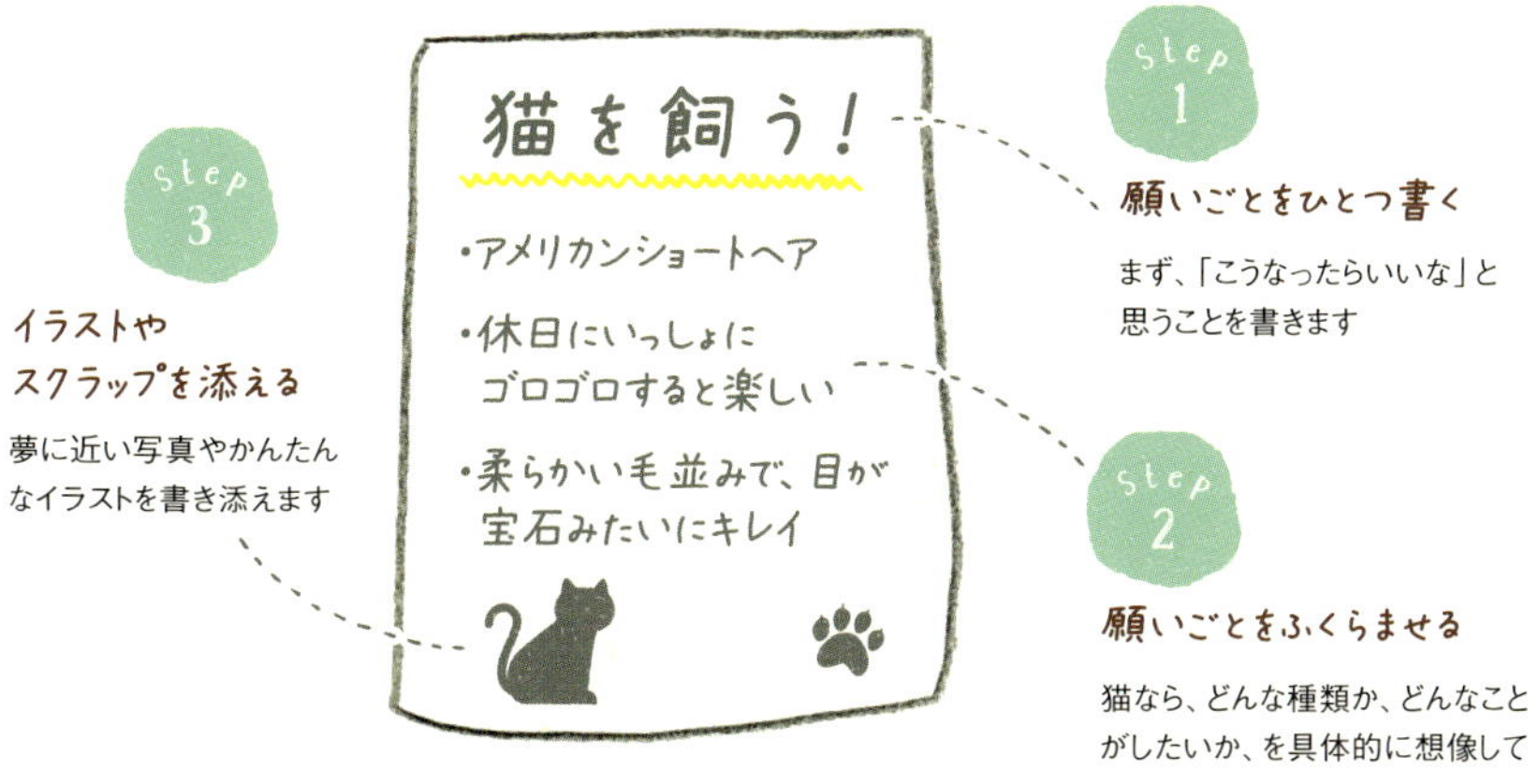
Step 3
イラストや
スクラップを添える
夢に近い写真やかんたんなイラストを書き添えます
猫を飼う！
・アメリカンショートヘア
・休日にいっしょにゴロゴロすると楽しい
・柔らかい毛並みで、目が宝石みたいにキレイ
Step 1
願いごとをひとつ書く
まず、「こうなったらいいな」と思うことを書きます
Step 2
願いごとをふくらませる
猫なら、どんな種類か、どんなことがしたいか、を具体的に想像して

みしぇるさんが
達人に
教わりました！

奥平亜美衣さんに聞く 夢を叶えるノート

会社員から魔法のように人気作家へ転身を遂げ、今はバリ島で暮らす奥平さん。
あらゆる夢を叶えてきた、願いを引き寄せる達人に、
“夢を叶える”ノートの書き方のコツを教わりました。

ごく普通の会社員だった奥平亜美衣さん。働きながら書いたブログが一躍人気となり、今や、ベストセラー作家としてバリ島で暮らしています。毎日が変わり出したきっかけは、いいことだけを書いた「いいことノート」。「やり方は、簡単なんです。会社員のときは、不満も多かったのですが、いいことだけをノートに書き留めておくようにしたんです」。ノートを書くのは、朝の通勤電車のなか。前日のことを思い出しながら、メモを取ったと言います。

「普通の会社員だったのですが、ある時からやりたいことと、いいことをノートに書いたら、毎日がうまくいったんです」

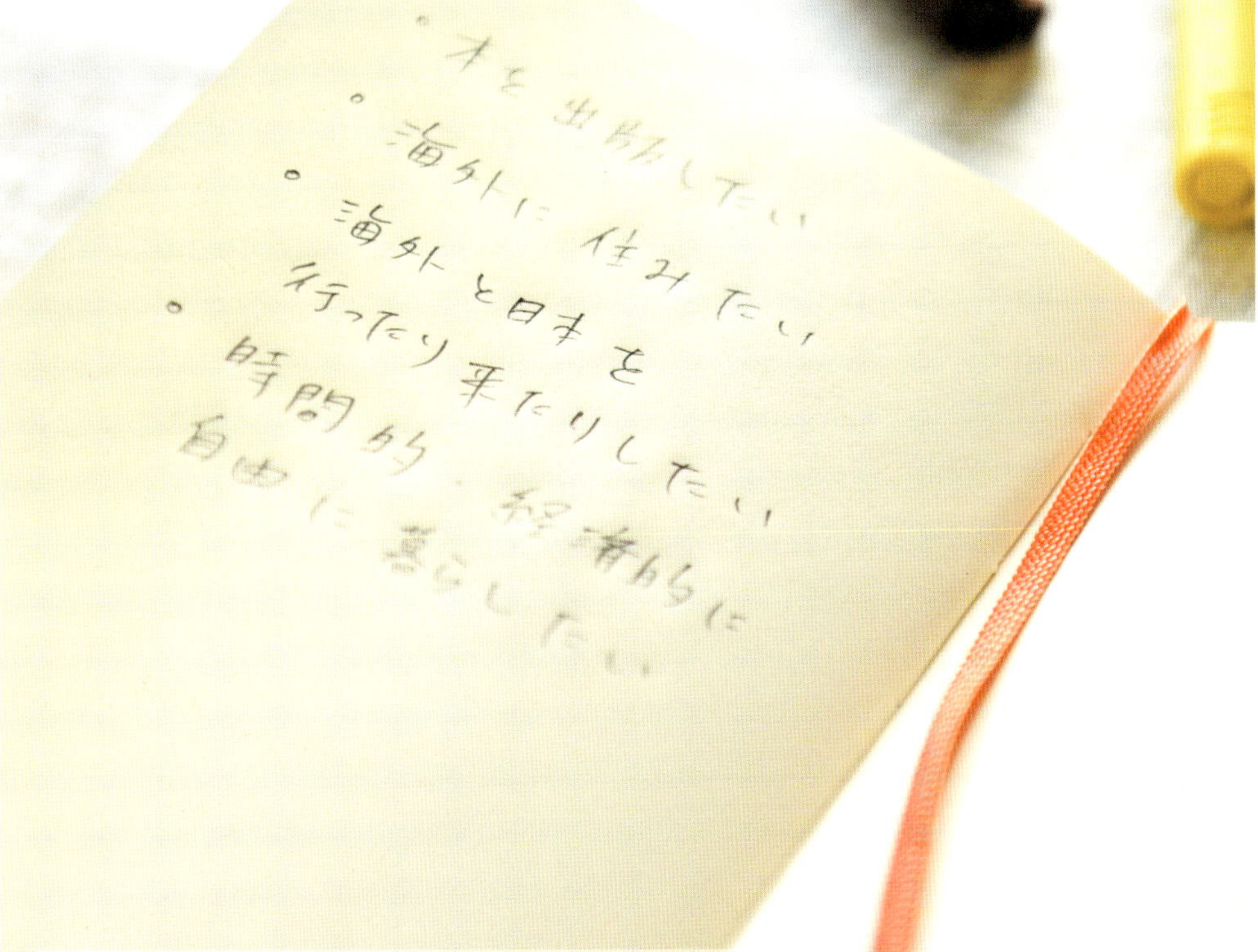

Profile

奥平亜美衣

1977年、兵庫県生まれ。お茶の水女子大学卒。大学卒業後、ロンドンに約半年、バリに約4年滞在し、日本へ帰国。会社員兼主婦生活を送るが、『アミ 小さな宇宙人』(徳間書店)や『サラとソロモン』(ナチュラルスピリット)と出会い、「引き寄せの法則」を知る。ブログを立ち上げ1年で出版という夢を叶え、初の著書『「引き寄せ」の教科書』(アルマット)はじめ、著書はベストセラーに。現在は執筆業を中心に活動中。2015年バリ島に移住。

「いいことノート」に慣れてきた頃、同じノートの違うページに「本を出版したい」、「海外に住みたい」など「やりたいこと」も一緒に書いていったそう。いいことに意識を向け出すと、不思議と「やりたいこと」も叶い出したといいます

自分の夢を書く「こうなったらいいな」ノート。本の出版や海外移住、時間的な余裕など、まさしく今の奥平さんは、昔の自分のイメージどおりのよう

「ランチが美味しかった、とか、花がきれいだった、とか、なんでもいいんです」。たった2~3行ほどでも大丈夫。ノートに「いいこと」が溜まってきたとき、自然と、周りの環境が変化してきたと言います。「自分がやりたい

「こうなればいいな、と思ったことを
通勤中にワクワクしながらノートに書いていきました。
仕事の合間でも、チラチラ見ては
楽しんでいました（笑）」

【奥平さん流　夢を叶えるノートのルール】

Rule 1　楽しい感情を味わいながら書くことで、自分の望みに集中する。

いいことをメモすることで、いい感情を「感じながら書く」のが大切。
書くことで自分の気持ちに集中できるようになります。

Rule 2　ノートや手帳はできるかぎり持ち歩く。

持ち歩き、できれば朝や寝る前など、決まった時間に書いて習慣にしてみて。
たまに見返して前向きになったり、自分のいいことを書いて自己肯定感を高めるのも◎。

Rule 3　慣れてきたら、「こうなったら良いな」も書く。

「いいことノート」は基本的に起こったことを脚色せず記録するノートですが、
応用として希望や願望も書き足してもよいでしょう。

仕事を前例がない形で任されたり、苦手な方が異動したり……。はじめは、ありえない！　と思いました」。そう言って笑う奥平さんは、「いいことノート」の効果について、こう語ります。「書けば、必ず現実にもよい変化が訪れます。不満なことは、いい部分を探して、そこだけ書いてみてください」。ノートに書くときのコツは、書きながら、いい気分を感じること。いい方向へ思考を向けていれば、必ず、経験から今まで考えられなかったような環境の変化が起こるそうです。

「1日を思い返して、よかったことだけ書くんです。
小さなことでも大丈夫。
まずは3週間やってみたら、
なぜか、毎日によい変化がおこってきますよ」

「いいことノート」には、まず日付を書いてから、その日に起こったいいことを簡単に書きます。何も起きなかった、という日は、「風が気持ちよかった」、「天気がよかった」など些細なことでも大丈夫。

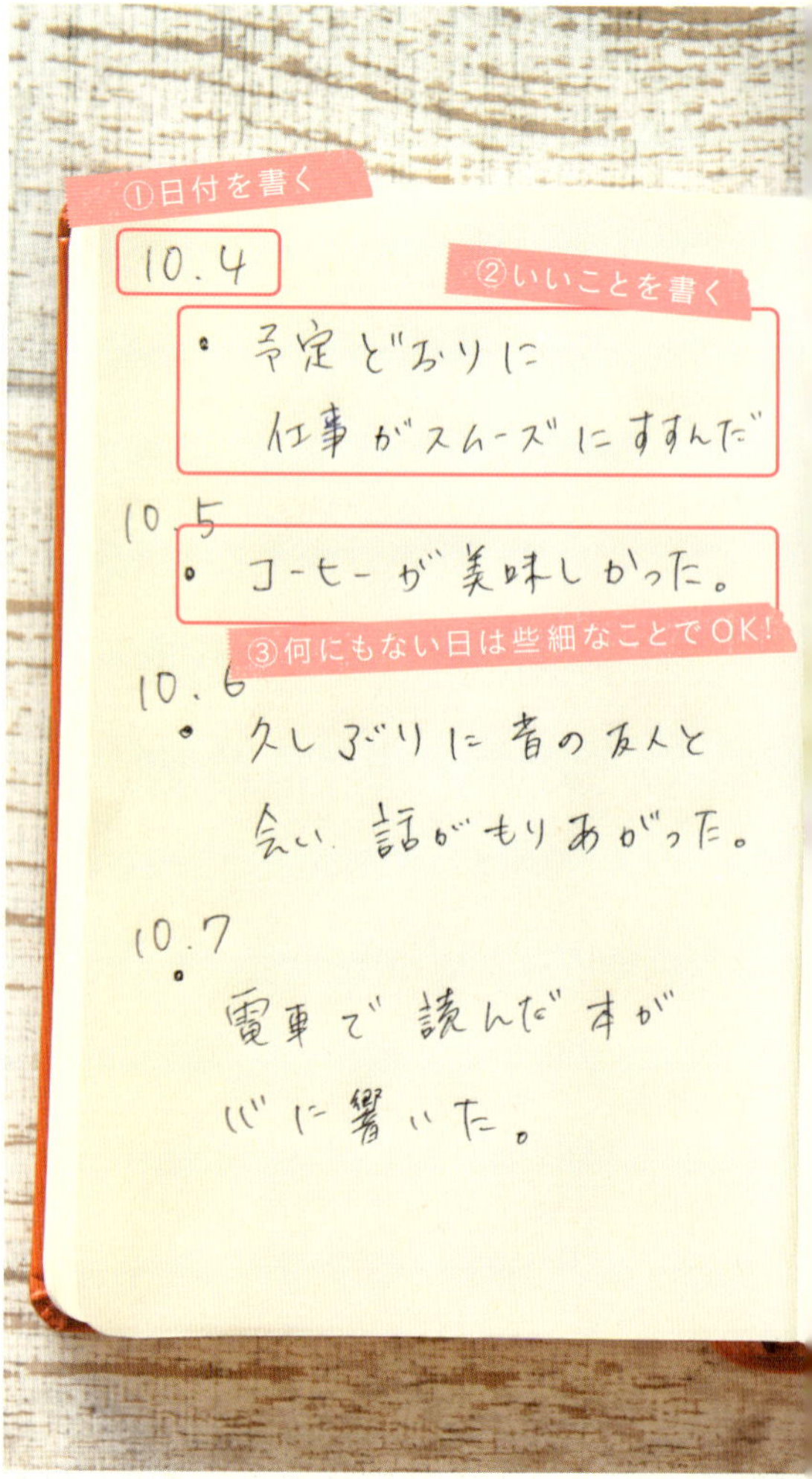
①日付を書く
10.4
②いいことを書く
・予定どおりに
仕事がスムーズにすすんだ
10.5
・コーヒーが美味しかった。
③何にもない日は些細なことでOK!
10.6
・久しぶりに昔の友人と
会い、話がもりあがった。
10.7
・電車で読んだ本が
心に響いた。

嫌なことが起こったときは、その物事のいい面についてだけ、考えてみてください。たとえば、苦手な人が居て、離れたいなと思っているとき。そういうときは、人の嫌な面がばかりが見えていると思い

ますが、一歩下がって、初心に返ったつもりで、その人のいいところを見つけてみてください。

「でも、嫌なことも考えてしまうときはどうしたらいいですか？」と聞くと、奥平さんは明るく笑ってこう答えてくれました。「物事は複雑に考えなくてよいのです。シンプルに、いいなと思ったことだけ書けば、必ず物事が好転するので、試してみて」。

writing

chapter 4

毎日の「書く」を
サポートする
魔法の道具と使いかた

ノートや手帳とあわせて、ふせんやメモ、マステを使えば、
毎日はもっと快適になります。
ここでは実際に、わが家でやってみて本当に便利だった
とっておきの使い方をご紹介していきます。

効率的＆見やすくノート管理ができる！ふせんがおすすめな理由。

すぐ動かせる、捨てられる。ノートが2倍便利に

旅行時にもふせんが便利

モノ別に色分け

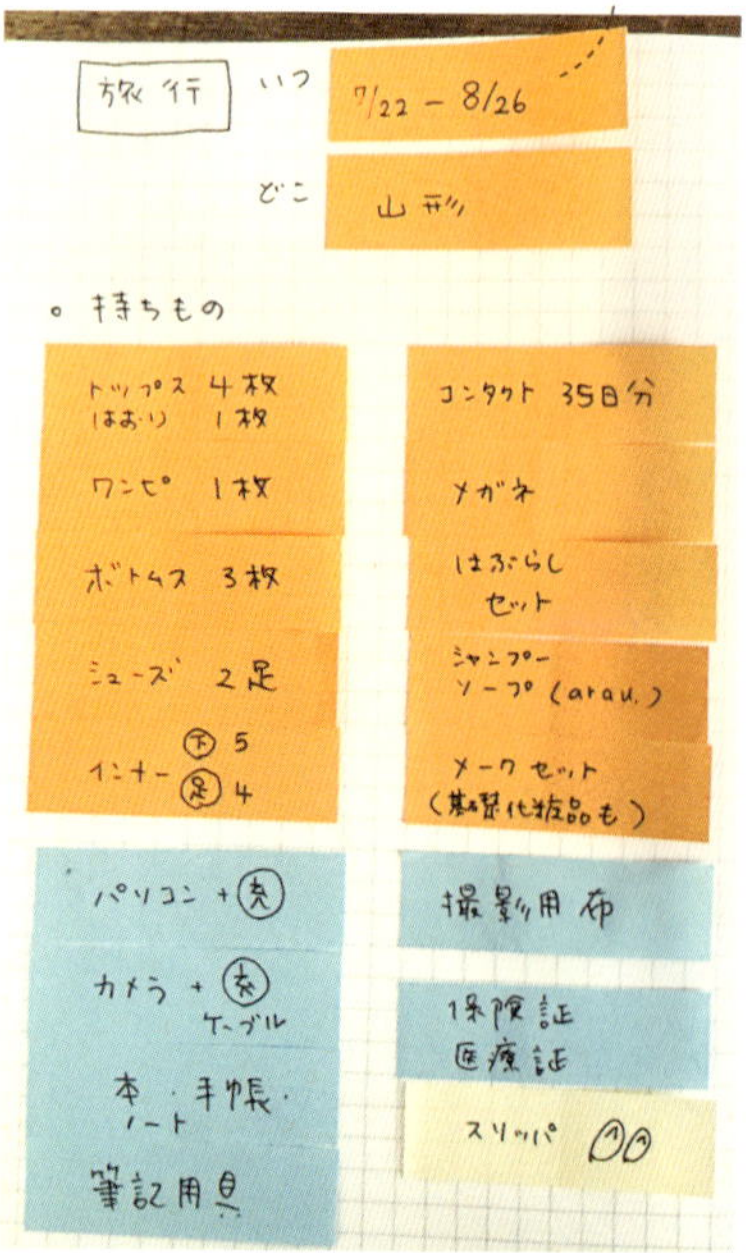

やる「こと」や用意する「モノ」を色分けしておけば、なお分かりやすい。ひと目でパッと分かるのはストレスフリー

一時的なメモ

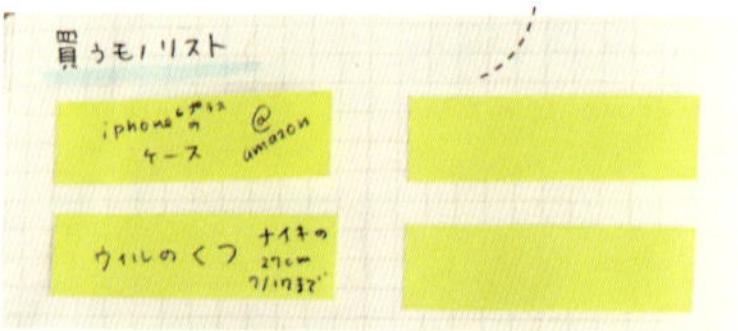

買いモノや用意しておくモノなど、気づいたときにさっと書けて便利。ちいさいふせんはいつも持ち歩きます

思いついたら貼れる

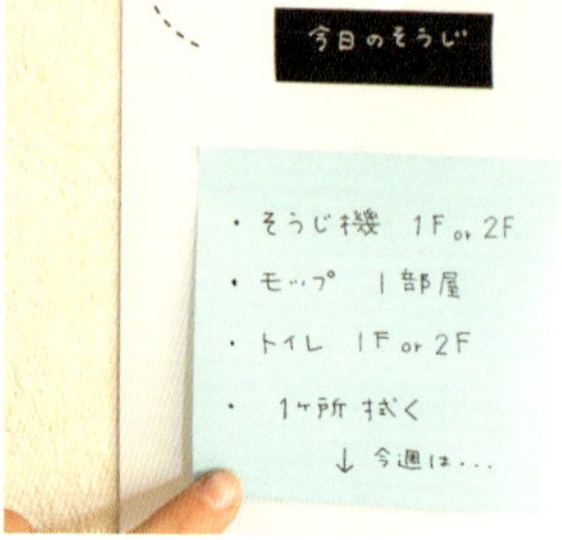

ふせんなら見やすい位置に貼っておけるので忘れる心配がありません。お手伝いリストも我が家はふせんで

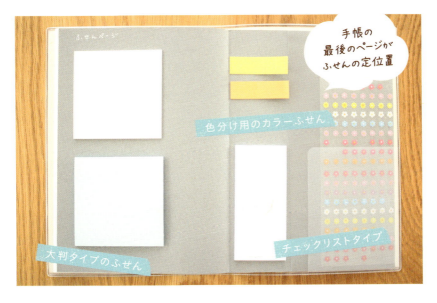

ふせんはやっぱり無印良品がおすすめ。色々な種類のふせんを併用しています

ふせんは、何といっても「思いついたことをすぐ書ける」のがメリット。思いついたことを記録したり、ふと思い浮かんだ買い物などをメモしたりするために、手帳の最後のページにふせんを貼って持ち歩いています。持ち歩くときは、ふせんのりを上下に塗って、粘着力をアップさせて。特に、ふせんは不要になったら捨てられるので、記録しておかなくてもよい「１日のやること」や「その日の買い物リスト」は、すべてふせんに書きます。電話をしながらや、外出先でのメモ書きも手軽にできるので、ノート・手帳とセットの必須アイテムです。特に無印良品のふせん（１２０ページ）は、小さくてイラストや文字を書くのにぴったりの大きさ。黄色やオレンジなどの同系色がセットになっているのがお気に入りです。何色か持ち歩くと、メモやアイディアなど内容別に色分けできるので便利です。珍しいチェックリストタイプのふせんも、ＴｏＤｏリストや時間ごとの簡易なスケジュールメモの代わりに毎日愛用しています。

黒いマスキングテープで冷蔵庫がスッキリ！我が家のマスキングテープ術。

気づいたらすぐ書けるよう、筆記具は冷蔵庫にくっつけておきます！

片づけても散らかりがちな、家族共有の場所やモノ。我が家では、マステでラベリングしはじめたら、家族がスムーズに片づけるようになりました。はじめは家族全員がバラバラな位置にモノを戻すので、1週間が終ると冷蔵庫のなかは雑然。冷蔵庫のドアには元々、子どものお手伝いリストや買い物のメモを書いたふせんだけを貼っていました。でも、あるとき、ふと冷蔵庫内のモノに定位置として、マステを貼ったら、週末になっても冷蔵庫内が驚くくらいキレイ！これは、と思い色々なモノにラベリングをするのが癖になりました。私は黒いマステにユニボールシグノの白ペンを使います。

お味噌汁セットのケースにも
マスキングテープでラベリング

引き出し

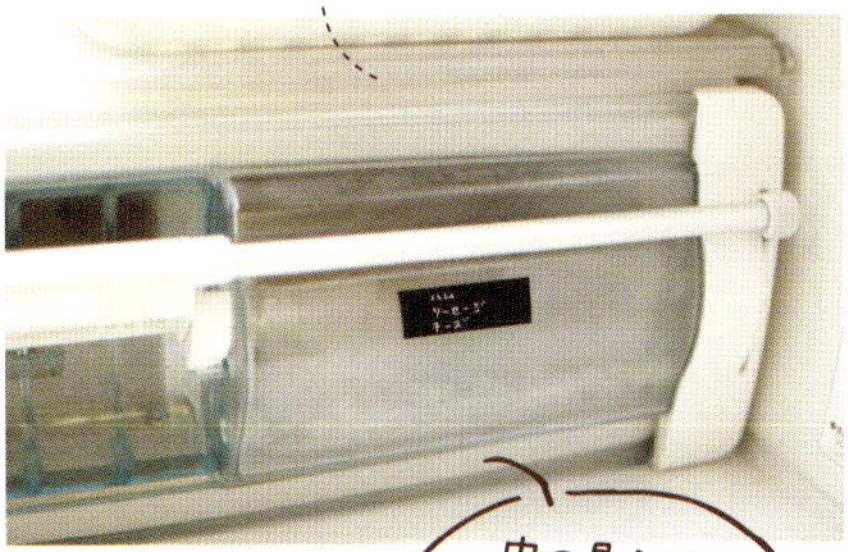

中の見えない
チルド室の
引き出しにも

ざっくり段ごとに定位置を貼れば家族も散らかしません

冷蔵庫のなかは、1段ごとにおおまかに置く位置を決めます。調味料、朝ごはんなど、ざっくりコーナーを決めるだけで散らかりません

瓶モノには直接描ける三菱の
ペイントマーカーが優秀！

ガラス瓶には直接書けるペンが便利です

ふせんが貼りづらいガラス瓶などのラベリングには、三菱のペイントマーカーを愛用しています。書いた後はしっかりと乾燥させて

常備ストックのふせん管理で二重買いや買い忘れがなくなる。

冷蔵庫を見ながら中味をふせんに書き出します

アレ切れたな、と思ったら斜線を引くだけ

我が家では、なるべく1～2日で使いきれる量を買い、切れたら斜線を引くのがルールです

我が家では、冷蔵庫の脇にチェックリスト型のふせんを置いておき、冷蔵庫のなかのものを書き出しています。なくなったモノがあったら、使い終わった家族が斜線を引くだけのシンプルな仕組み。特に、なくなると料理をするときに困るお味噌や調味料などの「ストック」と、鮮度が落ちやすい「野菜・生もの」にリストを分けておくことで、買い忘れ・使い忘れがなくなりました。

　このふせんは、買い物メモとしてそのままスーパーへ持って行けるのも便利なので、気に入っています。

ムダなく新鮮なうちに使い切りたい「野菜」と常備する「ストック」を分けるのがポイント

冷蔵庫に貼って、気づいた家族が補充

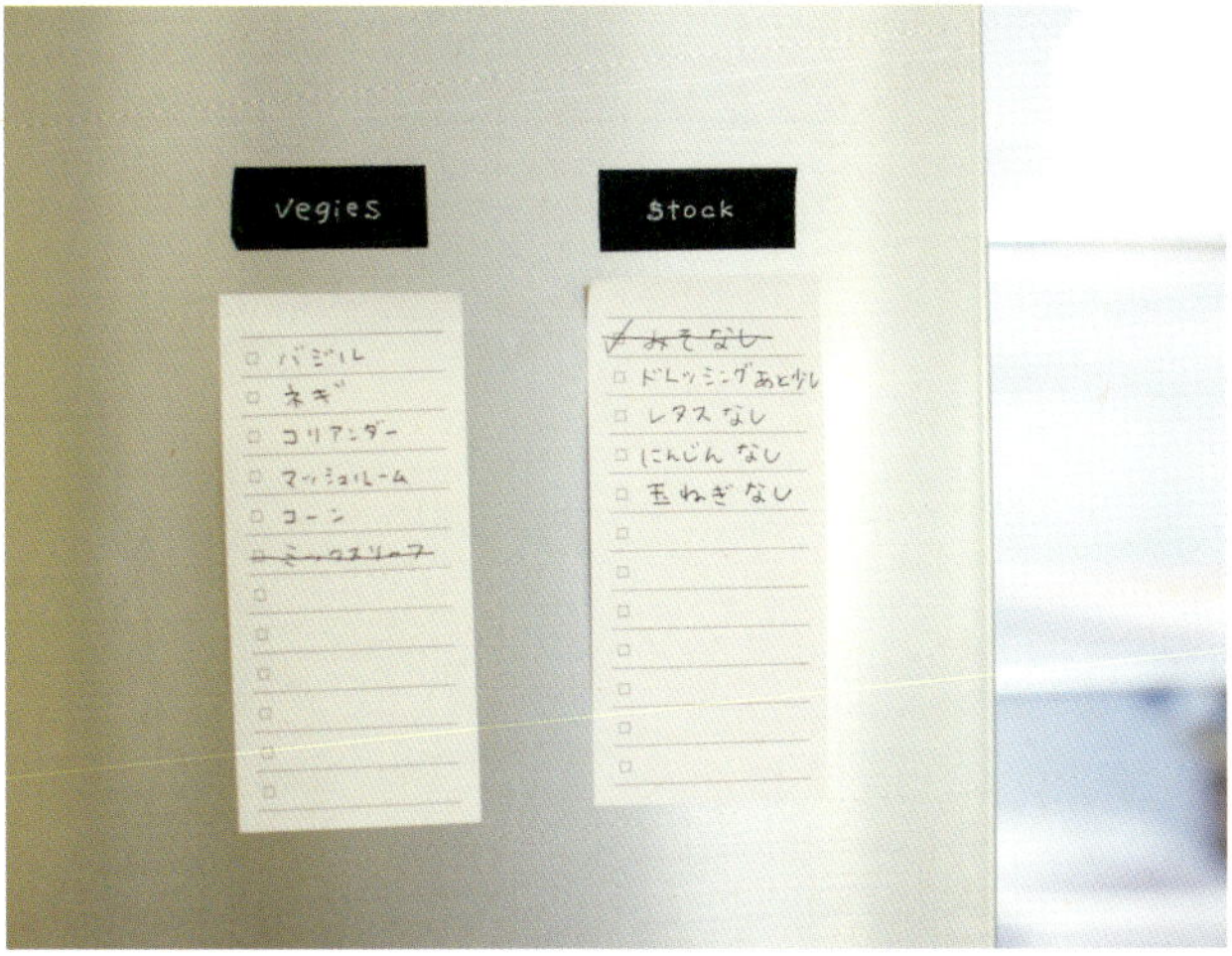

こうすれば
夫や長男も
手伝える

食材リストは冷蔵庫の扉に。調味料が切れたときは、旦那さんが買ってきてくれることもあります。野菜の使い忘れ防止にも◎

ふせんなら買い物
にもそのまま
持っていけます

調味料の分量や、味を左右するお菓子の材料だけをメモ。
さっと材料を用意できて、調理がスピードアップ!

ごはん作りがラクになる
定番料理は「分量カード」で
調理スピード2倍に。

レシピだけのノートを作っていない代わりに、よく作る定番の料理は、分量だけをカードにメモするようにしています。作り方はなんとなく分かっても、何がどれくらい要るのか、調味料の分量は? など、料理前には準備に時間がかかることがほとんど。

そこで、材料を取り出すときにさっと見られて、パントリーからも近い、冷蔵庫の側面にカードをひっかけています。

ここなら、食材や調味料の分量、調理器具からも手が届きやすいので、お料理をするときにさっと目を通すだけで、すぐに料理がはじめられます。愛用しているミドリの「単語カード ハリネズミ柄」は、レシピを書くの

材料を取り出す冷蔵庫脇の壁にぶらさげればすぐ手に取れる

サクッと見て
そのまま料理に
取りかかれます

材料を用意する前に見やすい、冷蔵庫の側面に引っ掛けます。カードの表にだけ書いて

1週間の献立を
作るときにも使います

にちょうどいい大きさ。ぶら下げておいても邪魔にならないし、かわいらしい形にほっこり。日曜日の夜に1週間の献立を作るときも参考にしたら、調理スピードが速まり、グンと時短に。ノートよりも小さい単語カードはおすすめです！

家族の予定やお手伝いは、「暮らしボード」にまとめて。

はじめは家中のあちこちにメモがありましたが、今はリビングの壁が定位置になりました。私ひとりが使う買い物メモだけでなく、家族に手伝ってほしい家事や、学校からのお便りなど、家族みんなでチェックしたほうがよいことは、一度に見られるほうが便利です。子どもたちもすぐそばのテーブルで勉強をするので、家族全員が目にするリビングは情報共有にうってつけ。書く内容は用意するモノや、そのときの家事内容によって変わるので、ホワイトボードに「手放したものリスト」、「今週の掃除」、「買い物リスト」など項目だけを作り、内容を書いたふせんを入れ替えるようにしました。

パッと、家族の情報や週替わりの家事がわかる

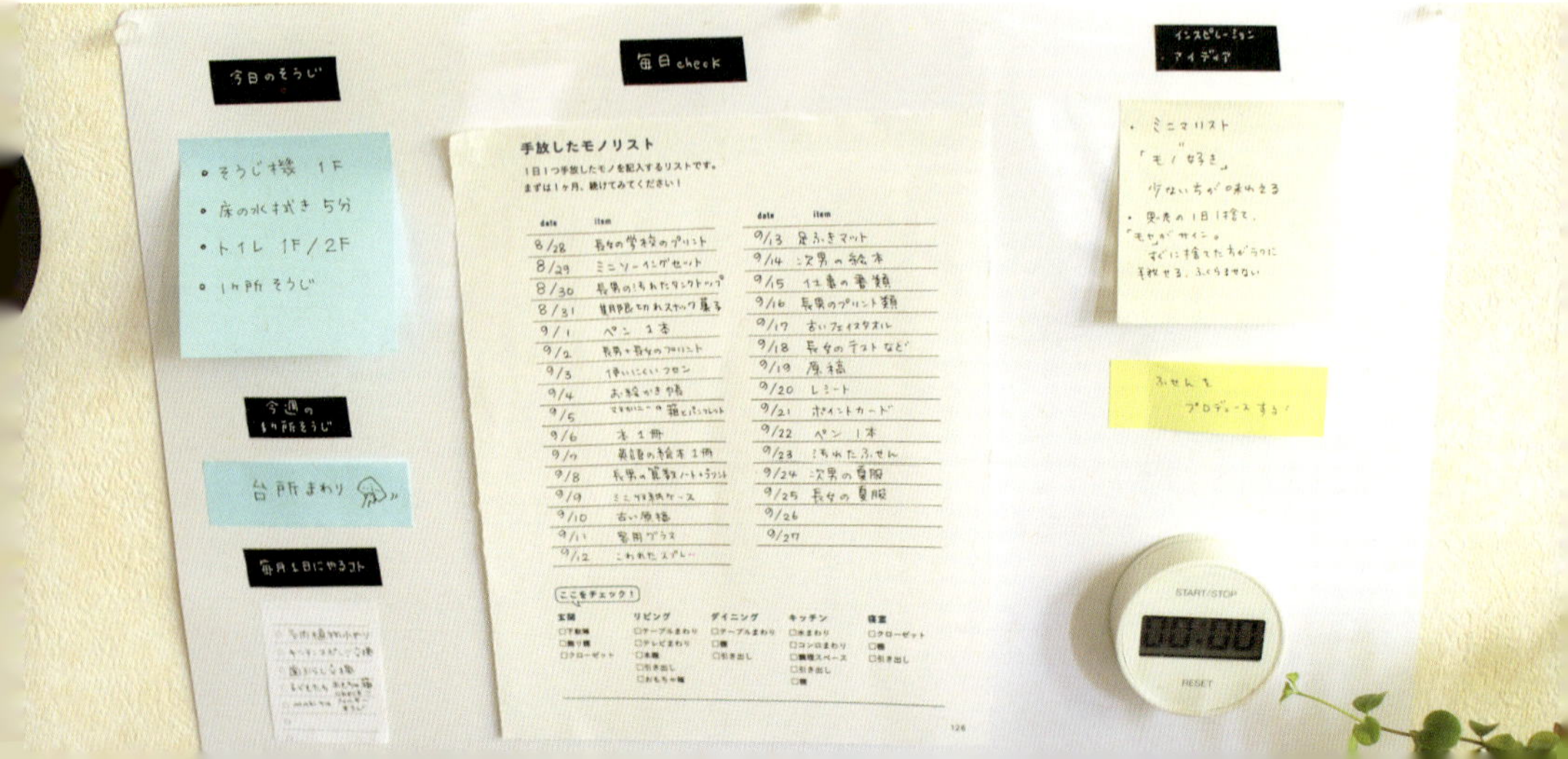

我が家では、このボードを「暮らしボード」と呼んでいます。

また、手帳やノートは「暮らしボード」のそばのテーブルで書くので、買い物用のメモやToDoリストなどは、ここに貼っておいたふせんを、そのままノートに移動させることも。ボードにはマグネットが貼り付けられるので、マグネット付きのクリップやタイマーなどを貼り、掲示板のように使っています。

家族みんながチェックしやすい
リビングのテーブルが定位置です

学校帰りやだんらんのタイミングで見られる位置がベスト。私も、ダイニングテーブルでノートを書くので、ちょうど良い位置でした

「ホワイトボードペーパー」はロフトで購入。貼って剥がせる両面テープで貼るだけ。場所を移したいときにすぐ動かせるのも便利

ホワイトボードペーパーにはマグネットがくっつけられるので、無印良品のタイマーや小さなフックなどを付けたりもしています

ノートを書くのが楽しくなる！面倒くさがり屋さんでも続く、書き方の工夫。

ズボラな人には マステとシールが必須です！

小さくカットして
スケジュール帳に
ペタリ

マステでノートやスケジュール帳をかわいく

なんだかノートがシンプルすぎて……という人は、シンプルなマスキングテープや、テープ風シールを貼ってみて

いいことがある日には、ちょこっとイラスト

リボンや蝶々など、マークのような簡単なイラストをひとつ入れるだけで、ノートがぐっと華やぎます

自分のお気に入りを見つける。
スケジュール帳用の3つの文房具

「ノートが続かない」、「せっかく高価な手帳を買ったのに途中でやめてしまった……」。そういう方は多いのではないでしょうか。

じつは私も、昔はこの悩みを持っていました。手帳は、1月はなんとか続くものの、2月には真っ白……そんな怠け者の私が、今ではしっかりと使いこなし、ノートや手帳が楽しくて仕方がない。

ノートや手帳を使いこなすコツのひとつは、手帳を仕事だけに使わないこと。そして、自分が書きたいことを書くこと。開きたくなるようなノートや手帳にアレンジするのです。

そのために、かわいいマスキングテープを使ったり、文具にこだわって、書き味のなめらかなペンを使ったり。

とにかく、開くのが楽しみになることは、何でも試してみるのがおすすめです。

ちなみに私の最近のお気に入りはキングジムの「ＫＩＴＴＡ（キッタ）」。マステタイプのシールで、かわいい柄がたくさん！

みしぇるさんが達人に教わりました！

mizutamaさんに聞く かわいく描けるイラストノート

愛らしいイラスト付きのノートはSNSでも人気。
消しゴムはんこで人気のイラストレーター・mizutamaさんに、
誰もが「かわいい！」と思うノートを作る秘訣を教わりました。

Profile

mizutama

イラストレーター・消しゴムはんこ作家。
山形県米沢市出身。看板製作の仕事を経て、2005年より消しゴムはんこづくりを始める。全国で消しゴムはんこ教室を行ったり、文具メーカーとコラボグッズを発売。

mizutamaさんのお絵描き大百科（玄光社）

かわいいイラストノートを描きたい！　と思っても、絵に自信がない……という人も多いのでは。「イラストが描きづらければ、文房具や写真を工夫すれば華やかになりますよ」とmizutamaさんが教えてくれました。左ページをご覧あれ！

POINT 1

かんたんリボンで見出しもかわいく！

四角いの面を書いたら、ギザギザを付けるだけのリボンは、絵が苦手な人にもオススメです

POINT 2

絵に自信がなければスクラップなら手軽にキレイ

好きな写真をマステでスクラップ！　写真は目立つので、1枚でもパッと目を惹きます

POINT 3

記号は塗りつぶすモノ、塗り残すモノを作れば立派な模様に

「☆」などは、塗りつぶすモノを作るだけで立派な模様に。テンプレを使うのもおすすめ

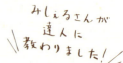

これがmizutamaさんのノート！

「絵が苦手でも大丈夫！
ちょっとした工夫で簡単に、
かわいいノートは
作れるんです！」

POINT 4

まあるいマステはシールにも水玉模様にもなります！

丸いマスキングテープは模様にも、シール代わりにも活躍。色味を揃えればなおキレイ

POINT 3

普通のペンで描ける大判のマステが超便利！

マークスの『ライフログ用マスキングテープ「マステ」スペシャル』は普通のペンでも上から描けて便利。1枚貼るだけでぐっと目を引き、オススメのアイテム。

POINT 1

ペンは色味を統一するだけでおしゃれに色が整うんです

統一感のあるノートのコツは、なるべく「同系色で揃える」こと。これだけでぐんとオシャレに見えます

POINT 2

ちょこっと顔文字はかわいいノートづくりの第一歩

人物のイラストを全身描くのは難しい！ という人は、顔文字をちいさく入れるだけで、かわいいノートになります

【mizutamaさん流　イラストノートのルール】

Rule 1　絵が下手でもOK！　かんたんに描ける顔文字や記号でデコレーションしましょう

イラストが描けなくても、絵文字や記号で色付けしていけば賑やかなノートに変わります。スマホの顔文字をお手本に表情を描くだけでメリハリが付きます。

Rule 2　マステや写真を貼ればかんたんに鮮やかでかわいいノートに

マスキングテープやシールなど、文房具で飾るのも簡単で効果的。はじめに印象的な写真を貼って、スキマを文字で埋めていくときれいにまとまります。

Rule 3　使うペンは3色にまとめれば統一感のある見開きになります！

ペンの色を同系色でまとめると、一気におしゃれに見えます。暖色系・寒色系など、ざっくり似た色で描いて。黒や茶色はどんな色にも合う万能選手なので、本文に。

かわいいイラストノートにするコツは、はじめに、「どんなノートにしたいか、写真などでイメージを決めること」とmizutamaさんは教えてくれました。イメージに沿って、自分の好きな文具や素材を揃えれば、簡単に作りたいノートに近づけられます。「特に、好きな写真のスクラップがオススメです。写真は目が惹かれやすいので、1枚あるだけでぐっとイメージに近づきます」。イラストを描くのが苦手でも、シールやマスキングテープなどの文房具でスキマを埋めていくように作るなら、手軽にはじめられそうですね。

するする書けるルーズリーフと定規は手書きの必須アイテム

植林木ペーパー裏うつりしにくいルーズリーフ
A5・5mm方眼・20穴・100枚
価格　120円

アクリル定規　目盛寸法15cm
価格　105円

A5サイズの裏写りしないルーズリーフは、外出先でのメモや、子どものお絵かきなどにも活躍。失敗したら捨てられるので、ノートへの清書前に気負わず書けるのもうれしい。方眼入りのモノは、イラストや文字がきれいに書ける効果も。あわせて使いたい透明なアクリル定規は、下に書いた文字が見え、キレイな線が簡単に引ける。

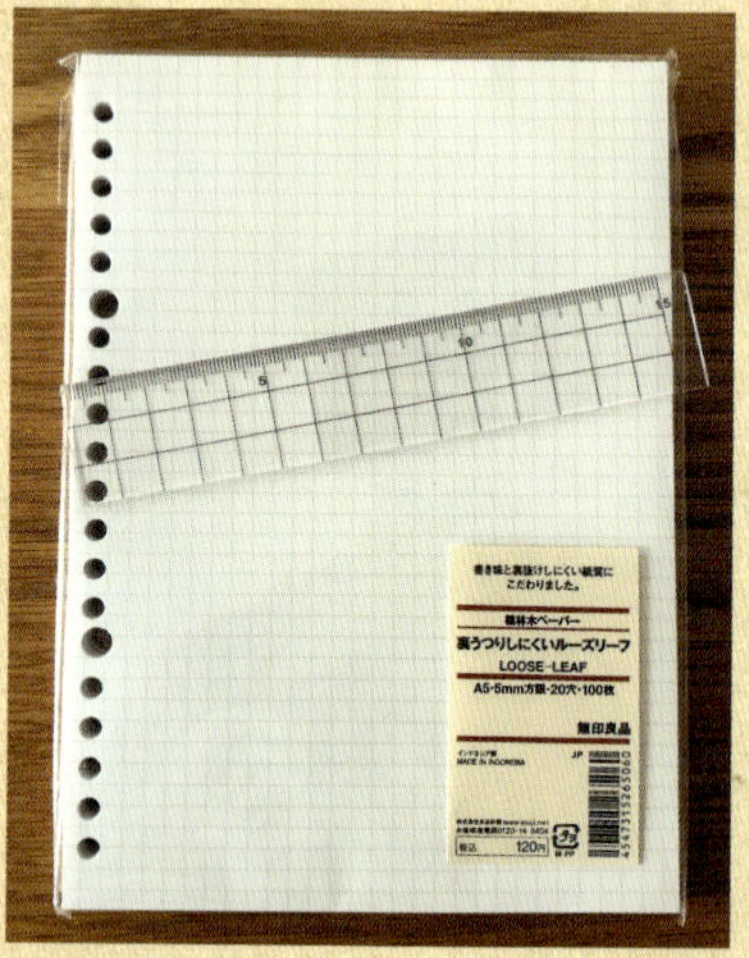

＼みしぇるさん愛用！／

手帳・ノートづくりが楽しくなる

無印良品の文房具。

はじめてのノートづくりには、無印良品の文房具が最適。
愛用歴10年以上であるムジラーのみしぇるさんが、
ノート・手帳づくりに役立つとっておきの文房具を教えます！

今日のやることリストやノートのしおり代わりに便利！

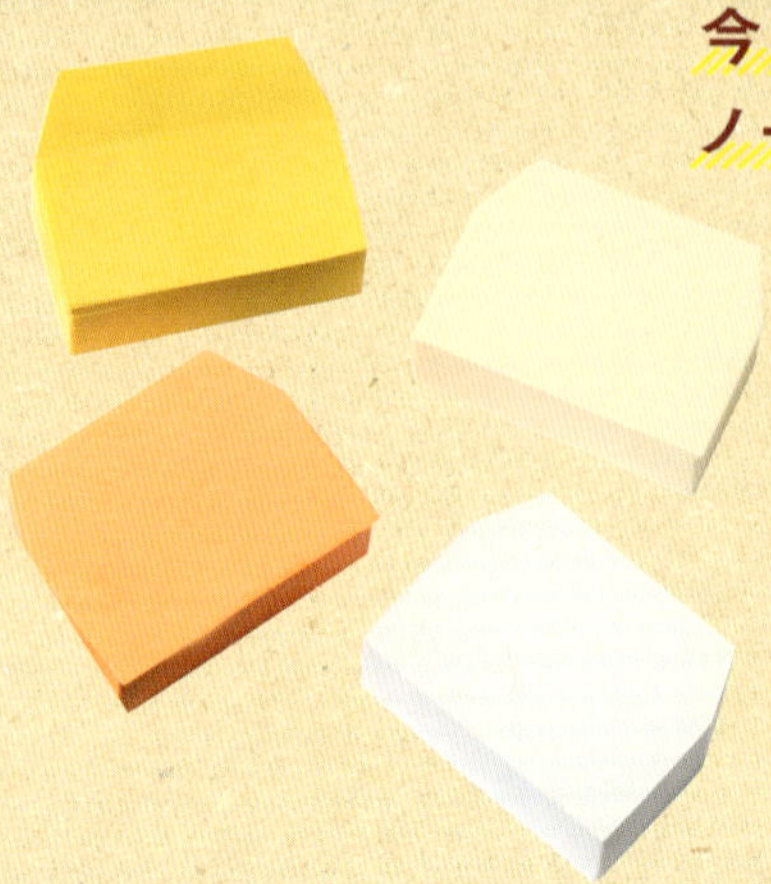

植林木ペーパーインデックス
付箋紙　4色・各100枚
価格　262円

カラフルな4色がセットになった小さなふせんのセット。クローゼットダイアリーや、手帳のマンスリースケジュールのコマにも使いやすい大きさ。台形なのでしおりや、手帳のインデックス代わりにも◎。

持ち物チェック用に最適！インデックスにもなるかわいいふせん

植林木ペーパー付箋紙・5本入
4色・5本・各100枚
価格　210円

持ち物リストや、ToDoをメモするのに最適なふせん。各100枚入りでたっぷり使えるので、メモ代わりにどんどん使える気軽さもうれしい。みしぇるさんは30daysチャレンジでも愛用。

方眼入りがキレイに書けます

スケジュール、夢を叶えるノート、一時メモ…用途で使い分けて

無印良品のシンプルなノートシリーズは、達人にも愛用者が多い隠れた名品。方眼ノートからスケジュールまで種類方法なので、ぜひ自分にあった1冊を見つけてみて。

再生紙ノート・無地
B5・ベージュ・
30枚・糸綴じ
価格　95円

塩化ビニールカバー上質紙
フリーマンスリー・
ウィークリースケジュール
A5・15ヶ月・65週間
価格　800円

再生紙ノート・5mm方眼
A5・ダークグレー・
30枚・糸綴じ
価格　84円

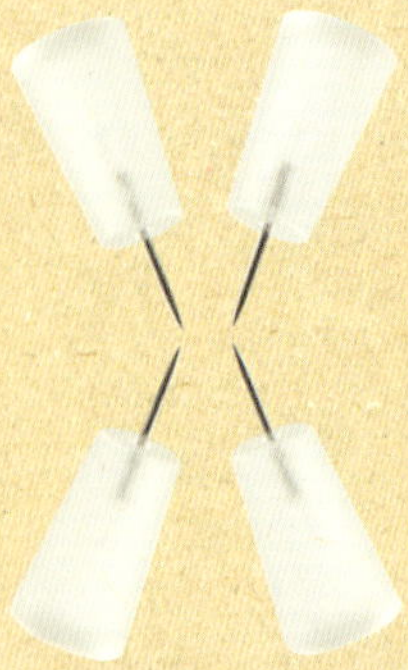

ひとことメモを貼るのにピッタリ！

針が細い画鋲　12個

価格　180円

メモを貼っておくのにぴったりのシンプルな画鋲。リビングやダイニングなど、目に付きやすい場所でも馴染むのがうれしい。

子どもと一緒に使える鉛筆削りはぜひ手動式に

手動式鉛筆削り・小

価格　600円

手に馴染む鉛筆削りは、どこか懐かしい手動式。シンプルなデザインで、小ぶりなのでデスクの片隅に置いても邪魔にならない。お気に入りの鉛筆のお供にぜひ。

簡単イラストにはにじまない色鉛筆が手軽

ライフログにもぴったりです

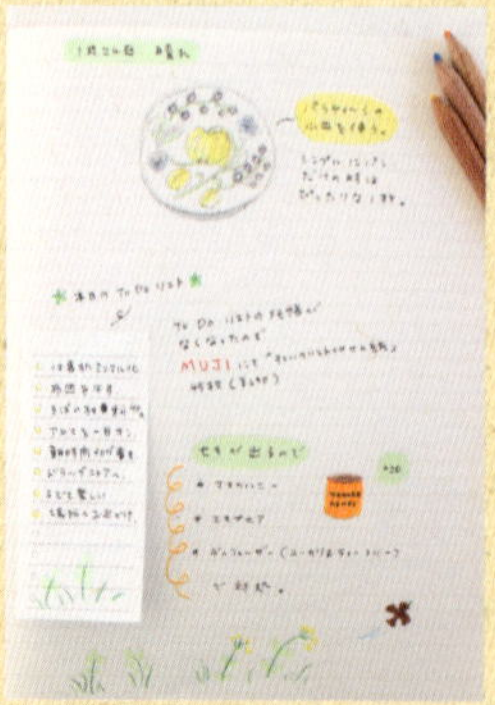

色鉛筆　12色

価格　420円

オーソドックスな12色がセットになった色鉛筆。にじみにくく、手軽に着彩できるので、ささっと綺麗なスケッチが完成。ライフログやデコレーションにもオススメ。

筆箱にも入れやすい
サイズだからスクラップ用に

ステンレスはさみ
全長約15.5cm・クリア
価格　210円

スマートな大きさのはさみは、スクラップ用に1本、ぜひ筆箱に忍ばせて。小さく女性の手にも馴染みやすい大きさで、小回りも効く。

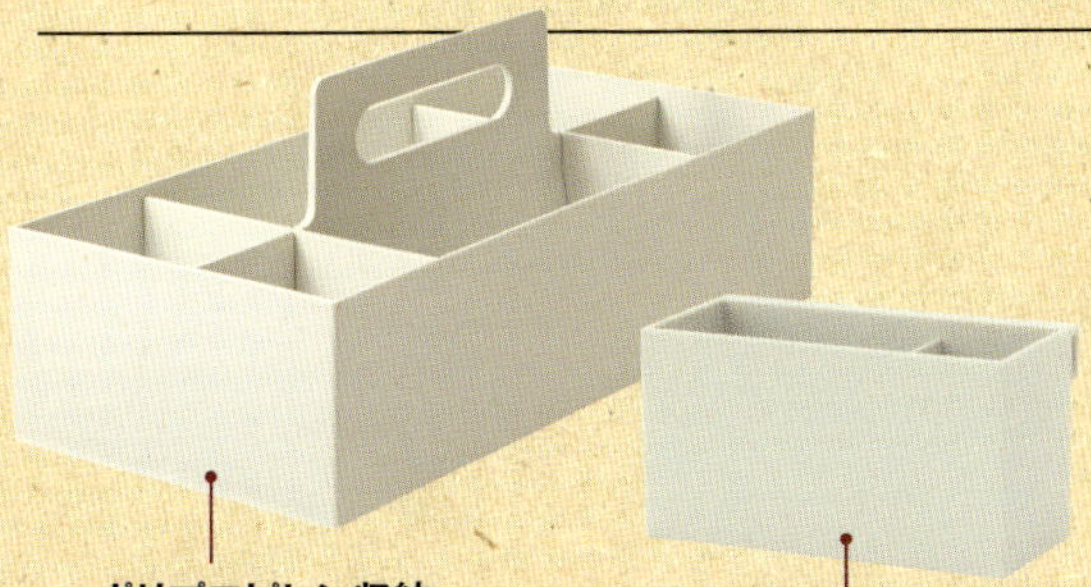

ポリプロピレン収納
キャリーボックス・ワイド・
ホワイトグレー
価格　1000円
約幅15×奥行32×高さ8cm

ポリプロピレンファイル
ボックス用・仕切付ポケット
価格　150円
約幅90×奥行40×高さ50mm

よく使う文房具は、ポリプロピレンの収納ボックスにひとまとめ。移動させやすいので、家のどこでもノートが書ける。ふせんなどの小物は仕切りポケットに。

ノート用の文房具を
まとめて持ち運べるセットに

文房具はこの中にひとまとめ！

思いついた
ことをすぐ
好きな場所に
ペタペタ貼れる

植林木ペーパー
チェックリスト付箋紙
約44×98mm・45枚
価格　250円

ToDoリストや買い物リストなど、使い方は無限大。1行ごとにタイムスケジュールを書くのにも使いやすい。

おわりに

面倒くさがりの私が、16年もの間ずっとノートを続けることができたのは、「書くと叶う」という魔法を知ってしまったから。書くことで、「やりたいコト」や「なりたい自分」が明確になります。なりたい理想像や、自分が本当にやりたいことが曖昧だと、何を叶えていいのかわからないまま。

紙に書きだすと、頭の中のモヤモヤした状態がクリアになります。ただ頭の中で漠然と考えていると、ふわりと浮かんでくる余計な考えにさえぎられてしまったり。けれど、書くことで１００％、「今ここ」に集中することができます。

ノートの書き方は十人十色。私は、私にとって心地いい書き方で、マイノートを少しずつ作り上げていきました。「絶対にこれが正解！」という書き方はありません。

本書では、こんな風に書いたら、掃除をラクに続けられるようになった。毎日の片づけが5分で終わるようになった。モノを手放して家がスッキリした……など、書くことで得られる暮らしの技を紹介させていただきました。みなさんにとって、ピンときたノート術やメモ術を参考にしていただけたらうれしいです。

また、本書で紹介させていただいたノートの達人、柳沢小実さん、づんさん、ぽんたさん、奥平亜美衣さん、mizutamaさんのノート術もぜひ真似っこしてみくてださいね。

最後に、ノート本を出版するという夢を叶えてくださった編集の静内二葉さん、お忙しい中、素敵なデザインに仕上げてくださったデザイナーの掛川竜さん、そしていつも応援してくださるブログとインスタグラムの読者の皆様にも心より感謝申し上げます。

皆様のノートライフが、楽しいものになりますように。

みしぇる

「ノートとペンはすぐに
手に取れる場所に置くこと。
書くことを習慣化させるために
している小さな工夫。
思い浮かんだことは、
すぐに書く、メモする！」

夢を引き寄せる
魔法の家事ノートのつくりかた

2017年12月 2日　初版第1刷発行
2018年 1月31日　　　第3刷発行

著者
みしぇる

発行者
澤井聖一

発行所
株式会社エクスナレッジ
〒106-0032　東京都港区六本木7-2-26
http://www.xknowledge.co.jp/

問合せ先
［編集］　Tel03-3403-6796　Fax03-3403-1345 ／ info@xknowledge.co.jp
［販売］　Tel03-3403-1321　Fax03-3403-1829